细节
决定成败 II

汪中求 著

新华出版社

图书在版编目（CIP）数据

细节决定成败Ⅱ/汪中求著．—北京：新华出版社，2007.5
ISBN 978-7-5011-7893-3-1

Ⅰ．细…　Ⅱ．汪…　Ⅲ．企业管理　Ⅳ．F270

中国版本图书馆CIP数据核字（2007）第022533号

细节决定成败Ⅱ

选题策划：	卢瑞华　博士德
责任编辑：	卢瑞华　冉晓冬
装帧设计：	大章旗鼓工作室
出版发行：	新华出版社
网　　址：	http://www.xinhuapub.com　http://press.xinhuanet.com
地　　址：	北京石景山区京原路8号
邮　　编：	100040
经　　销：	新华书店
照　　排：	北京诚税文化发展有限公司
印　　刷：	三河市华晨印务有限公司
开　　本：	787mm×1092mm　1/16
印　　张：	13
字　　数：	160千字
版　　次：	2007年5月第一版
印　　次：	2023年7月第三次印刷
书　　号：	ISBN 978-7-5011-7893-3-1
定　　价：	38.00元

本社购书热线：(010) 63077122　　中国新闻书店电话：(010) 63072012
图书如有印装质量问题，请与印刷厂联系调换　　电话：(010) 68457661

前言

PREFACE

"世上无难事,只怕有心人"的豪言壮语,曾让我们充满信心地对待所面临的一切困难,但就管理问题而言,我要说:"**天下无易事,需要细心人。**"

世人在行事中,大抵受两种情形之累:一种是畏而难之,故不敢做;一种是轻而易之,故不屑做。所以,渴望成功者多,而结缘成功者少。所有伟大的战略家最先承认的一个事实是"饭要一口一口地吃",任何了不起的英雄最后承认的一个事实是"一己之身是渺小而可怜的"。其实,难与易是事物的一体两面,故老子说"难易相成",并强调要"图难于其易"。但在当今心浮气躁的时代,我更要强调"天下无易事",这样更符合老子所说的"难之,故终无难"的思想。因为人们把小事看得太容易了,看作细枝末节,所以就轻而视之,不屑于做,或者做也是浅尝辄止,不愿意把事情做细、做透,结果难免是只见树木,不见森林;只见现象,不见本质;只见孤立的事物,不见内在的联系。

这种错误的思想导致了我们只能在肤浅的层面及粗糙的水平上不断地重复，而不是通过细致而韧性的努力不断地提高。我强调重视细节的用意，就在于此。

《细节决定成败》出版后，其受关注和欢迎的程度远远超乎我的想象。难道，古今中外早已知道的"细节"，真的让今天的中国人那么着迷吗？我想细节背后一定隐藏着更为深刻的内涵。正是基于这样的想法，我对细节进行了更为深入的研究，对什么是细节、细节何以决定成败，以及如何做好细节等做了探讨，力图揭示细节背后所隐藏的秘密。展现在读者面前的这本书就是我对细节问题的最新认识和研究成果。

我想，关注和重视细节的人们，有理由为自己感到高兴。因为，细节真的不是"细枝末节"，而是用心，是一种认真的态度和科学的精神。只要用心，我们就会看到细节，看到细节背后事物的内在联系，就能够做好细节。

在实际操作过程中，**做细有限度，而用心无止境。**

事情是否做细是有标准的，而标准不是随意定的，要根据市场的需求及自身的能力来确定，故做细是有限度的，要把细节纳入整个管理系统中来思考它的度。而用心则不可止于细节，要看到细节背后的东西，看到事物之间的内在联系，从而把握事物的实质和发展的基本规律。所以，古人在"见小曰明"的基础上，又提出了"明者，察于未象，视于无形"的要求。

遵循细节的规律，我认为做好细节需要从以下几个方面着手。

以系统作保证；

以标准谋细化；

以数字达精确；

以专业臻卓越；

以持续求精进。

但本书并未按这个系统来展开，只是根据我本人的实践经验，谈了做好细节的一些方法。要侧重于实际操作性，正如梁漱溟先生所言："从感触而发为行动，从行动而有心得，积心得而为主见，从主见更有行动……如是辗转增上，循环累进而不已。"而按照该理论的系统操作部分，我将在《精细化管理》系列图书中陆续向大家介绍。

> 见梁漱溟著《中国文化要义》1949年版自序。

从《细节决定成败》开始，我就致力于推进中国精细化管理事业，一方面进行精细化管理方面的培训讲座及顾问咨询，一方面在咨询、实践的基础上继续研究，并陆续推出《精细化管理》系列图书。我希望能够借此实实在在地提升中国企业的管理水平，更希望有一天，我们的管理者能够不屑地对我说："汪中求，你别再啰唆了！我们精细化管理的水平，已远远超过你所期望的程度了！"

2007年4月1日

目录

CONTENTS

第一章　小细节，大话题 /1

一、观念的革命——细节成为流行元素 /2

二、老议题，新热点——细节不是新发现 /10

三、见一叶落而知天下之秋——细节的预测功能 /14

四、帝国亡于铁钉——细节的放大效应 /18

问答录：对话汪中求 /22

第二章　为什么做不好细节 /31

一、责任感的普遍缺位 /32

二、经济发展水平的限制 /35

三、社会浮躁心态的影响 /39

四、国民素质和职业化训练程度不高 /45

五、重大轻小、重概括轻数据的传统文化的影响 /49

问答录：对话汪中求 /55

第三章　如何做好细节 /65

一、简单不等于容易——企业细节管理的实践 /67

二、管理是严肃的爱——规则胜于一切 /84

三、布置不等于完成——承上启下重在中层 /100

四、知道不如做到——细节习惯的训练 /112

问答录：对话汪中求 /123

第四章　政府管理在细节 /131

一、调研重细节　决策靠数据 /134

二、建立和谐社会　政府管理疏导优先 /138

三、时代需要宽容精神　让社会的空气湿润一些 /141

四、落实要到位　关键看结果 /149

问答录：对话汪中求 /153

第五章　关于细节的"细节" /157

一、"战略决定成败" /158

二、"大丈夫不拘小节" /160

三、"事无巨细，事必躬亲" /165

四、细节与效率　/169

五、细节与创新　/171

问答录：对话汪中求　/175

附录　/181

一、给秘书的20条提示　/182

二、给女儿待人接物的36条建议　/185

三、危机公关的7个关键细节　/189

后记　/197

第一章　小细节，大话题

小事成就大事，细节成就完美。

一、观念的革命——细节成为流行元素

《细节决定成败》一书出版后，读者纷纷来信与我交流，或谦虚请教，或指出其中的错误，或表达自己对"细节"的看法，或不认同书中的部分观点并加以批评。在对该书进行的批评中，其中发表在2004年7月23日《新京报》上的《〈细节决定成败〉：自我证伪》一文比较尖锐。现将全文抄录如下。

《细节决定成败》：自我证伪

简 洁

最近有一本流行的书叫《细节决定成败》，小单位的头儿、大单位的头儿都很喜欢。我顺手买来读了，觉得基本立意倒是没有毛病——不，不只是没有毛病，简直是太正确了，而我这个人一向对太正确的东西总要质疑。教育背景告诉我：那些听上去或者看上去太正确的东西，十之八九都是经不住推敲的。一读之下，果然就露了馅儿。

且不说作者把世间一切成败归结于细节的观点能不能站住脚，单就在书末鼓吹的"大的决策和战略不需要个人决定"这个貌似正确的观点，就很让人生疑。这句话的潜台词其实就是要我们每个人放弃自己的个体创造性和独立思考能力，让大家安心做好机器零件，做好哑巴奴隶，做好应声虫——难怪，那些当头儿的如此喜欢这本书，以至于不惜动用公款批量购买，让员工人手一册。

接着，作者在这个潜在的前提下号召大家把目光全部放到细节上，不要过问任何全局性的东西，不要质疑事物的根本前提。作者这样说的动机如果仅局限于写书、卖书赚钱，我不想多说什么，但如果另有险恶用心，我就真要为那些真心推崇这本书的读者捏一把汗了。

作者在书中反复强调美国人造的汽车如何不及日本人的精致细腻，最后被日产汽车占据了市场。但是作者有意或无意地忽略美国人面临制造业利润低微、人力成本高、能源消耗巨大、环境破坏严重的现实之后，主动放弃在制造业的争夺，通过战略性的技术转型，在信息技术领域抢占了全球制高点。这可不是什么细节决定胜负的问题。

作者还喜欢举中外快餐大战中，中国快餐何以落败洋快餐说事。这一招还真是有些唬人，一般人就被这些信手拈来的例子震住了，万幸我研究过两天洋快餐。我清楚地知道，中国的快餐打不过洋快餐，根本的原因并不在什么细节上面，而是一种强势文化及其高调的文化战略决定了这场战争尚未开打，就胜负已决。因为洋快餐的成功后面是整个美国文化的强势背景，洋快餐不过是美国经济战略和文化战略中一粒小小的棋子，或者一个局部战场。如果没有强大的英语文化的整体战略，没有好莱坞的全球推进，没有迪士尼对中国孩子的潜移默化，没有美国大众文化和流行音乐对都市生活塑造和浪漫情调的标准预设，麦当劳和肯德基的胜利根本就是不可能的。

回到书本身来说，一本强调细节决定胜负的书中，却满是细节的错误与疏漏，书中的错别字和标点等细节就不说了，引用的事例穿凿附会、胶柱鼓瑟、漏洞百出也不说，仅就尽人皆知的古希伯来谚语"上帝在细节之中"都被错引成"魔鬼在细节之中"，能把上帝和魔鬼都混淆在一起，还谈何细节？

此外，书中引用的各种案例、数据，从不标注引文来源，使人完全无法查识真假。

奇怪的是，作者用大量不过硬的细节来证明细节决定成败，这样一本书还能在市场上卖得那么火。这就令我产生一个困惑：细节到底重要还是不重要？如果细节重要，这样一本粗疏的书怎么可以成功地登上畅销书排行榜！如果细节不重要，那这本书的基本立意岂不都是错的！最后，我终于明白，根本不是细节决定成败，而是观念决定成败，思路决定成败。如果观念思路出了错，再怎样严谨的细节也是枉然。作者事实上用了18万字对自己在书名中提出的命题进行了证伪。

凡事都归结到细节上，凡事也可以归结到大便上。按照作者的逻辑，我写一本《大便，决定生死》，也可以畅销，因为我只要抓住大便，不及其余，最后一定能导出大便决定生死的结论。首先不拉大便会憋死，你无法反对吧；其次，乱拉大便传染痢疾、霍乱、甲肝，都会使人致死，你不会不同意吧；再次，大便不规律，证明肠胃有问题，肠胃有问题不治疗早晚得胃癌、直肠癌一类的病，那就死得更快，更难看，这你恐怕也无法反对……诸如此类，我还可以引出几百个关于大便同生死密切相关的话题，最后横竖告诉你一个你信也得信、不信也得信的事实：大便，决定生死。

由此观之，畅销书是畅销书，真理是真理。如果抱着经过商人们精心策划的畅销书寻求真知灼见，那真应了圣经说的：富人要得救赎，比骆驼过针眼还难。

看到简洁先生的文章之后，我于7月24日针对简先生的文章写了一篇答辩性文章，标题为"对《〈细节决定成败〉：自我证伪》一文的答复"，全文如下。

今年1月，我出版了一本小书《细节决定成败》（以下简称《细节》）。我在该书的"前言"中已对写作缘由作了说明：我在此前所写的一本名叫《营销人的自我营销》的小册子中，专门列了一小节，题目为"把小事做细"。出版后，在读者对该书的反馈中，有人希望能把书中提出的一些观点再做详细论述，其中比较集中的，就是"把小事做细"。所以，我不揣浅陋，便写作了《细节》一书。

《细节》出版后，在社会上引起了热烈的反响和广泛的认同。很多读者通过电话、写信或E-mail方式与我进行交流，很多单位还发出邀请，让我前去就细节管理问题做专题讲座。这种反响，既让我高兴，又让我担心。高兴的是，重视细节的观念得到了认同，因为我提倡重视细节，无非是强调一种认真的态度和科学的精神。如果能够重视细节，那么我们每个人、每个组织，以及整个社会都会从中受益。担心的是，我对细节的理论研究深度不够，已出版的《细节》，只不过是提出了"细节决定成败"的理念，要人们重视细节，注意从细节中不断改进产品和服务质量、提高每个人的素质、提高国家竞争力。我很担心因为理论的不成熟，从而对人们产生误导。简洁先生的《〈细节决定成败〉：自我证伪》（以下简称《证伪》）一文提醒我，这种担心不是没有道理的。

发表于《新京报》2004年7月23日C103版的简文在切入批判《细节》的主题后，就拿"大的决策和战略不需要个人决定"这一命题做文章。不知道这种移花接木、嫁祸于人的妙计，是不是简先生的惯用手法。我在整个《细节》书中根本找不到这样一种提法，我相信也没有说过这样的话。对于战略，我在书中明确提出：战略——从细节中来，到细节中去。战略是一个过程，既然是过程，就需要在如何制定战略及如何执行战略等方面，做好每一个细节；否则的话，就只能是决策拍脑袋、执行拍胸脯、结果拍屁股了。我认为，在现有的情况下，中国绝不缺少雄韬伟略的战略家，缺少的是精益求精的执行者；绝不缺少各类管理制度，缺少的是对规章条款不折不扣的执行。

关于美国汽车与日本汽车的较量，简文中说，美国人"主动放弃在

制造业的争夺，通过战略性的技术转型，在信息技术领域抢占了全球制高点"。不错，通过技术升级，实现美国战略性的技术转型，确实是美国政府的战略决策。但是，就汽车业来说，没听说美国汽车公司"主动放弃"争夺。美国三大汽车公司不仅在力保本国汽车市场的份额，还在努力扩大在世界汽车市场的占有份额。

关于中外快餐的竞争，"万幸研究过两天洋快餐"的简先生得出结论说："中国快餐打不过洋快餐，根本原因并不在什么细节，而是一种强势文化及其高调的文化战略决定了这场战争尚未开打，就胜负已决。""如果没有强大的英语文化的整体战略，没有好莱坞的全球推进，没有迪士尼对中国孩子的潜移默化，没有美国大众文化和流行音乐对都市生活塑造和浪漫情调的标准预设，麦当劳和肯德基的胜利根本就是不可能的。"我没有学过逻辑，不知道简先生用什么样的逻辑得出这样的结论。"如果"后面的那些前提预设，就决定了肯德基、麦当劳不用那些标准化，不用严格、细节的管理也必然胜出？用这种逻辑推导的结论就是：美国强大，所以每个美国人都强大。如果讲到前提，讲到背景，中华民族积淀了五千年的文化，不比简文罗列的东西多得多？可为什么中式快餐没有在与洋快餐的竞争中处于有利地位呢？

就"上帝"还是"魔鬼"存在于细节中问题，知识渊博的简先生批评我不知道"古希伯来谚语"——"上帝存在于细节之中"。是的，我很惭愧，我确实不知道这一谚语来自古希伯来语——没能满足简先生"尽人皆知"这一命题的要求。想到这一点，我不免要歉疚于简先生了。但有一点，我是清楚的，所谓上帝也好，魔鬼也好，只存在于人的心中。就本题来说，细节做得好，所提供的产品和服务，就会有完美的结果，则细节中就隐藏着上帝，或者说上帝存在于细节之中；如细节做得不到位，就可能导致全局的失败，也即细节中隐藏着魔鬼，或者说魔鬼存在于细节之中。《细节》"胶柱鼓瑟",简先生难道就不会变通一下吗?

为"读者捏一把汗"的简洁先生也不必要紧张到"大便,决定生死"的程度。如果你明白了细节是一种系统性存在的时候,你就不会得出这种让人为你感到紧张而又忍俊不禁的结论了。我给细节下的定义是,能够反映事物内在联系和本质的微小事物和情节。细节的存在是一种系统性的存在,也就是说,细节只有从系统的角度看才有价值。把细节当作一种系统性存在的时候,你就会通过细节发现系统运行的好坏;也只有每一个细节都运行良好,才能保证整个系统的良好运行。离开了系统基础,细节就是一种无用的、我暂称之为"碎片"的东西。明了这一点,简先生可能就会明白,虽然亚马孙的一只蝴蝶偶然扇动两下翅膀,两周后可能在美洲引起一场风暴(即所谓的"蝴蝶效应"),但你的《大便,决定生死》不可能对美国总统的选举产生任何影响,也不可能影响到月亮绕着地球运行等,因为它们不在一个系统内。我相信,世界上的任何事物都是有联系的,但就我们现在的水平,还远未到能把所有事物都联系起来的程度。在现有的水平内,我们只能把力气花在可以控制的系统内来实现自己的目标,并处理和解决相应的问题。如果简先生用两天时间仔细读读《细节》,恐怕就不会得出这种结论了。

我倡导重视细节,就是要提倡一种认真的态度和科学的精神,是要严肃认真地对待每一个细节的事情,但这并不能保证我每一个细节都做得到位,在任何一点上都不出错。因为,做好细节不仅需要认真的态度,还需要一种功力。这就像谁都能看到、知道苹果一定会掉到地上,但并不是每个人都能研究出万有引力定律一样。从细节的角度讲,我更愿意把任何事物看作一个过程,在过程中不断改进、提高。《细节》也是一样,一方面,书中有很多错误,我衷心地就这些错误给读者带来的麻烦向读者表示歉意,并欢迎读者就书中的错误提出批评

和指正；另一方面，细节理论也有待进一步研究，我将在下一本书中继续进行探讨，使其更臻于成熟。欢迎广大读者、各界有识之士就此进行探讨和交流。

该文发表在《新京报》2004年7月30日第C103版，题目改为《细节只在系统内有效》。

尽管有人对"细节决定成败"的理念提出了质疑，但该书还是引起了人们的普遍关注，并得到了社会各界正面、热烈的反响。媒体纷纷发表评论，广泛进行各种各样的报道。

中国奥组委专门来电索书，认为该书对组织好奥运会这一庞大的系统工程有指导作用。

《人民日报》《光明日报》《经济日报》《经济参考报》《中国青年报》《中华读书报》《北京晚报》《山西晚报》《武汉晚报》《中国青年》杂志、《人力资本》杂志、新华网、新浪网、搜狐网、千龙网等两百多家媒体对该书予以强势报道。

中央电视台、中央人民广播电台、河北电视台、山东电视台、沈阳电视台、《财富与管理》杂志、《商业银行》杂志等七十多家媒体还对我进行了专访。

鄂尔多斯集团、中国化工集团、大庆石油股份有限公司等大型企事业单位纷纷购买《细节决定成败》一书，并将其作为本单位学习培训的资料；中国石油股份公司总裁蒋洁敏亲自撰文推荐该书，对领导干部进行培训；原南京军区要求干部读这本书并写读后感。

该书被读者评为"2004年度最具人缘图书"，被中国书刊发行业协会评为"2004年度全国优秀畅销书"。

中国移动、中国联通、中国葛洲坝集团、中国储备粮总公司、太钢集团、新华联集团、大红鹰集团、红豆集团、首创投资、苏宁电器、中国工商银行、中国银行、国务院机关事务管理局、沈阳市政府、成都市委、北京海关、北京铁路局、北京大学、清华大学、浙江大学、武汉大学、国防大学、南昌陆军学院等300多家知名企业、政府机关、学校邀请我进行讲座培训……重视细节的观念随着图书的畅销和演讲的配合在全国范围内广为传播，我也因此被评为"2004年度中国十大优秀管理培训师"。

在各地办讲座、做培训，我也常常被学员、读者感动。

2004年夏，在深圳的一次大型报告会上，一位办企业的青年妇女会间常常进进出出。事后一问方知，她还在哺乳期，保姆抱着婴儿候在会场外，自己在场内听课，间隔一会儿出会场为小孩哺乳。

2005年秋，在昆明，下午3点讲座结束，被20多位学员围住答疑，直至晚上7点都撤不下去，甚至有两位女老总谈到自己管理企业的酸甜苦辣时当场哭出声来。

在沈阳的一次论坛上，遇到一位65岁的老太太，她说："你早10年出这本书，我的一生就会改写。"

在银川，有一位盲人在其妻子的引导下入场听课，从此我们成了很好的朋友，他就是宁夏第一位盲人大学生、中老年保健专家王结先生。

……

我为"细节"而出，人为"细节"而来，我们为"细节"而互相鼓励、互相促进、共同进步。

社会各界与"细节"相关的话题不断增多，使"细节""细节决定成败"成为一种流行语。跟风而出的以"细节"为题的书籍也陆续出版，我们收集到的已有96种。一时间，小小的"细节"成为众人瞩目的焦点。

二、老议题，新热点——细节不是新发现

人类对细节重要性的认识，不是今天才提出来的，而是古已有之，且中外皆同。就是我在演讲中常说的：细节不是汪中求的发明，《细节决定成败》不是一个发现。

在中国的儒家经典文献《尚书·旅獒》中就说："不矜细行，终累大德。为山九仞，功亏一篑。"

中国道家始祖老子在其《道德经》中说："图难于其易，为大于其细。天下难事，必作于易；天下大事，必作于细。""为之于未有，治之于未乱。合抱之木，生于毫末；九层之台，起于累土；千里之行，始于足下。"

秦国丞相李斯在其《谏逐客书》中也说："泰山不让土壤，故能成其大；河海不择细流，故能就其深；王者不却众庶，故能明其德。"

可惜中国古人这些关于细节的深刻认识，没有得到很好的贯彻落实，也没有把对细节重要性的认识进一步发扬光大。到今天，我们的企业也很少有值得全球普遍称道的、被西方社会效仿学习的管理细节；相反，我们倒是通过细节，看出了与西方发达国家在管理等各方面的差距。海尔总裁张瑞敏就说："工艺上的小差异，往往能够反映出民族素质上的大差异。"

那么细节到底是什么？**细节是微小事物和情节，能反映事物的内在**

联系和本质。

世界上的任何事物都是由无数个细节组成,而每一个细节,又都是客观世界的真实反映;细节之间存在着固有的内在联系,这种事物固有的内在联系,就是事物运动的客观规律。

我们强调细节的重要性,强调重视细节,说到底是提倡科学的精神和认真的态度,从而找到隐藏在细节背后的事物发展的内在联系和规律性。

没有科学的精神,就不可能认识事物发展的本质和内在联系,就不可能认识事物发展的规律性。而对事物发展的规律性缺乏认识,我们就不能利用规律来改变世界,实现自己的目标。

科学管理就是力图使每一个管理环节数据化。尽可能多地使用数据就是精确化的表现形式。而数据从何而来?就是要从我们重视每一个细节、从认真对待每一件小事中来,通过实际考察,积累数据,最终找到解决问题的科学办法。

> 来自商务部的消息说,新中国成立初期,全国有10000多家老字号企业,到1993年商务部确认的只有1600多家;到2004年,老字号企业中70%只能勉强维持,20%面临倒闭破产,只有10%通过改制焕发了青春。

据来自商务部的消息说,2004年中国1600多家老字号企业,300多家面临长期亏损的困境,有的甚至已经被市场淘汰;70%的老字号勉强维持现状。虽然出现这种情况有多方面的原因,但我们许多老字号的产品规范性差、不精确、凭经验难以复制,应该是他们难以维系的很重要的原因。

与追求科学精神相对应的,就是认真的态度。认真是强调严肃对待自己应该做的事情,绝不马虎。有了认真的态度,世界上任何事情都能够找到解决的办法。

从事物是普遍联系的意义上说,细节无处不在,无时不在,但并不是每一个细节都对我们有意义。只有将细节纳入某一个目的性的系统当中,才能显示其存在的价值和意义。细节是客观存在的,但要有一双慧眼去发现它,而目标就是放大镜,借助它你可以很容易地看到其应有的细节。

在实际管理中,每一个组织、每一个成员都要围绕着自己的目标,系统地做好各方面的工作,以免在细节上出现漏洞,从而影响目标的达成。

在一家羽绒制品公司总经理办公会上,我曾见到这样的场景:先是总经理训话,责问在场的干部该发的货为什么发不出?生产部说原材料总是不到位;供应部说资金跟不上,没法拿到原材料和配套半成品;财务部气呼呼地说,钱又不是她家印的,那么多应收款没收回,资金怎么会够用;销售部更加受不了,说货没发出去,怎么去收款……我对总经理说,这么多干部只有你一个人成了傻瓜,谁都没有责任。实际上,显然是总经理的系统思考和系统组织有问题。

对所有企业来说,产品结构及产品质量、技术含量或工艺标准,以及技术创新、企业形象及品牌建设、广告和公共关系、价格政策和盈利模式、渠道建设及终端促销、客户关系及客户服务、供应链及物流管理、资金筹措及资金调度、会计和财务、组织结构及员工素质、员工福利和培训、环保和安全生产、决策层的眼光和洞察力、危机处理等都好比是木桶上的一块块木板,任何一块缺损都会阻碍企业的长远发展,甚至导致企业"心肌梗死"。以细节为表现形式的要素,便构成了企业的整个系统。在这里,任何一个环节出错,都会影响到系统输出的结果。

我们在做企业咨询和管理顾问活动中深知,我们作为顾问,并非有惊人之处，更无绝妙之策，不过是借助系统科学的方法和企业管理者一起把事情厘清，并以自己的专业之长指导企业点滴落实而已。因此，我们的咨询团队就在整理自己的咨询体会的基础上，写了名为《落实要到位　关键看结果》的书，很受欢迎，其原因就在于，揭示了很多企业管理中应该关注的细节。

在西方，"上帝存在于细节之中"的认识，让他们做任何事情都非常注重细节。而注重细节的管理行动，也让他们在实践层面对细节的认识进一步深化。

惠普创始人戴维·帕卡德就说："小事成就大事，细节成就完美。"

麦当劳创始人克洛克说："我强调细节的重要性。如果你想经营出色，就必须使每一项最基本的工作都尽善尽美。"

麦当劳前总裁弗雷德·特纳也说："我们的成功表明，我们竞争者的管理层对下层的介入未能坚持下去，就是因为他们缺乏对细节的深层关注。"

日本松下公司的创始人松下幸之助强调"不放过任何细节"，并说："无视细节的企业，它的发展必定在粗糙的砾石中停滞。"

在西方有"商业教皇"之称的布鲁诺·蒂茨提出："一个企业家要有明确的经营理念和对细节无限的爱。"

德国连锁超市DM的总裁格茨·维尔纳也说："奥秘全在细微处。"

建筑大师密斯·凡·德罗在回答其成就是如何产生的提问时，说："魔鬼在细节。"

可以说，细节是一个古今中外都有过深入论述的老话题，《细节决定成败》不过是旧戏新唱。

三、见一叶落而知天下之秋
——细节的预测功能

作为反映事物内在联系和本质的细节，本身有诸多功能。我在《细节决定成败》中已经对细节的功能有所论述，这里仅对细节的预测功能加以说明。

细节的定义告诉我们，通过细节可以窥见事物的本质和内在联系，即细节的预测功能。"见一叶落而知天下之秋""一滴水可以映照太阳的光辉"都是这种功能的体现。

抗日战争期间，华侨领袖陈嘉庚率团到国内访问，他先到国统区，国民党用一顿800元大洋的盛宴来款待；他后到延安，毛泽东则用几元钱的家常便饭为他接风。一奢一简，使他看清了国民党"前方吃紧，后方紧吃"不可挽回的腐败堕落，看清了共产党同仇敌忾、艰苦抗战的高昂斗志。从此，他认定中国的前途就寄托在中国共产党身上，于是坚定不移地站在中国共产党一边，成为中国共产党的朋友和中国革命胜利的见证者。与国与民，同心若此，如何不胜，何事不成？

太平天国的失败可以列出10余条原因，但只要看到如下细节，人们也会认定它必败。洪秀全有妻妾88人，加上各类妃嫔、女官、女司等总计有2300多名妇女在天王府陪侍。因妻妾太多，洪秀全连姓名都记不住，干脆一概编号。杨秀清至少也有老婆60余人，却仍不满足，四处搜集佳丽。1856年，北王杀掉东王之时，杀尽后宫有孕美女，单单殉夫而死的美人就有 54 人。荒淫至此，焉能不败？

中日甲午海战前，东京湾防卫司令官东乡平八郎应邀上中国"定远"舰参观。当时，中国的军舰在吨位、数量等很多指标上都胜于日本。甲午战前，中国位列世界第七大海军强国，"北洋水师"号称"东方无敌舰队"；而日本海军则极为勉强地位居第 12 位。这给人们一种印象，以为中日海战，中方必胜无疑。可是当见到中国军舰的炮塔上居然横七竖八地晾着短裤、袜子，东乡平八郎就对同僚说："其藐视武装若此，终不堪一击也！"果然，海战一开，中方惨败，北洋水师全军覆没，先进的军舰也都成了日军的战利品。一支纪律松弛、管理混乱的军队，怎会有强大的战斗力？殊不知，慈禧太后当年一天的生活费竟然高达纹银四万两！如此费用，一年便可装备一支高居全球第七位的海军舰队（据清朝最后一任总管太监小德张的回忆）。

1842 年至 1843 年间，魏源受林则徐嘱托编成《海国图志》，对"夷情"作了详细介绍，特别是制造轮船火炮之术、练兵养兵之法，并明确提出要"师夷长技以制夷"。然而，此书在中国却很少有人能看到，更谈不上影响了。正如左宗棠所说，中国人的聪明才智都"运于虚"，而外国之聪明则"寄于实"。所以，"泰西巧而中国不必安于拙也；泰西有而中国不能傲以无也"。《海国图志》传到日本后，短短几年就再版二十几次，阅读人数以千百万计。一本书的命运与国运的细节联系，可见一斑！

1863 年（清同治二年），直隶总督李鸿章就建议朝廷修筑铁路，一直拖至 1884 年（光绪十年）终获朝廷批准。为赢得慈禧太后的支持，经李鸿章斡旋，法国新盛公司还特意为慈禧太后制作了一列极为精美的丹特型机车。适应工业化需要的铁路建设，竟然要靠这些洋玩意去打动太后的心，中国的工业化如何能不落后于人？

细节可以看出国运，该不是无稽之谈吧？我们更想说的是细节在企业管理中的预测功能，企业的盛衰也往往通过细节露出端倪。管理者在管理工作中，一定要注意那些能够反映某种趋势的细节，并以此为契机，有针对性地进行改善，以完善管理系统。

在这方面已经有很多成功的案例可供参考。

《杰克·韦尔奇自传》第十四章对"深潜"专门做了论述，讲到做事要深潜，要精耕细作。

杰克·韦尔奇把高级领导对细节的关注称为"深潜"，并戏称"有人会比较公正地称此为'捣乱'"。韦尔奇在担任CEO的管理生涯中，数以百计次地做着"深潜"。这些"深潜"并不是每一次都很成功，而且他的许多想法也没有被采纳，但是他却把它当作一种有效的工作方式，并且乐此不疲。与员工们一起工作，一起思考，一起兴奋，一起展开激烈的辩论，使韦尔奇获得许多鲜活思想的同时，也获得了极大的满足和乐趣。在实践中，如果他的想法被丢在一边，他会有更大的快乐：因为他又一次丰富了自己的认知，找到了更好的办法去完成工作。

通过一次次的"深潜"，韦尔奇识别并提拔了一大批人才，捕捉把握了一系列商机。就是凭着这种"深潜"，他不断地提高自己的领导能力，也不断地提升了GE的业绩和竞争能力。在他掌管GE的20多年时间里，GE的市值提高了30多倍。而这里所说的"深潜"，就是对细节的了解、分析和掌握。

比如，煤矿安全事故。一般说来，煤矿很难完全避免安全事故，从专业分工的角度，有相关部门监管就够了。但是，近些年在巨额利润的诱惑下小煤矿蜂拥而上，一些地方官员明目张胆地入股小煤矿，以手中的权力保护着违法违规的煤矿在不具备安全条件和安全生产管理不到位的情况下疯狂开采，置矿工安危于不顾。这样，不仅国法不容，也有违党的宗旨。从安全问题看到了地方官员的腐败、廉政与否，这关系到政府的干部队伍建设和管理是否到位的问题，所以要花大力气来治理，并且要同党员教育、干部队伍建设联系起来，因此，党中央和国务院都很关注此事。

再比如，拖欠农民工的工资问题，对于中央政府来说，显然不是大事，也不是要事，本可以不管。但是，中国农民工比例如此之高，拖欠农民工的工资又如此普遍，如不及时解决此问题，可能会引起社会的混乱，加剧工农和城乡矛盾，破坏和谐社会的良好局面。如此一来，拖欠农民工的工资问题就成了大事，成了要事。

一个伟大的企业，对待成就永远都要战战兢兢，如履薄冰。

——海尔集团首席执行官　张瑞敏

四、帝国亡于铁钉——细节的放大效应

西方流传的一首民谣《帝国亡于铁钉》对细节的放大效应作了形象的说明。

> 这首民谣摘自《证券时报·财经周刊》总3369期第8版，贾晋京《细节决定成败，帝国亡于铁钉》一文。

铁钉缺，马蹄裂；马蹄裂，战马蹶；战马蹶，骑士跌；骑士跌，军团削；军团削，战士折；战士折，帝国灭。

马蹄铁上一个钉子的脱落和丢失，本是初始条件下的十分微小的事物，是一个细节。我们谁也不会误解为一个马蹄上的铁钉的脱落会使一个帝国灭亡，但我们可以认定，一些看上去微不足道的细节，其长期的、持续的、连锁的、未来的效应却事关一个帝国的存亡。

春节期间读到一些有关陈寅恪的事。

陈先生在清华大学做教授时，时任大学秘书和文学院院士的冯友兰总是恭敬地在陈先生身后陪着从教员休息室走出来，然后在陈先生的教室后面坐下来静静地听课。朱自清也经常去听陈寅恪的课。国学研究院的吴宓教授更是风雨无阻，几乎是堂堂必到的听课者。在中山大学任教期间，陈先生已双目失明，但听他课的教授常常多于学生。

> 此掌故见江西省修水县政协文史资料委员会编的《义宁陈氏五杰》（未公开发行，刊号为内准字号）。

从这些细节中，不难使我们产生放大效应的认同，认同陈寅恪作为"教授的教授""太老师"名不虚传。

细节的放大效应有两种表现方式：一种是各种因素相互作用而导致结构性放大效应；另一种是细节的累加而导致累积性放大效应。

吉林市中百商厦的大火事件真实地说明了细节的结构性放大效应。

2004年2月15日9时许，吉林市中百商厦伟业电器行的雇员于红新不慎将吸剩的烟头掉落在仓库地上，在并未确认烟头是否被踩灭的情况下就离开了仓库。烟头引燃仓库内的可燃物后，引发了火灾，造成54人死亡、70人受伤、直接经济损失400余万元的严重后果。

火灾发生时，商厦保卫科副科长陈忠、科员曹明君违反规章制度，在值班期间擅自离开消防监控室，延误了报警时机，未能及时有效地通知并组织人员疏散，致使商厦内的部分顾客及浴池和舞厅内的部分人员未能及时逃生。

商厦保卫科科员李爱民也没有尽其职责，未能及时发现并排除商厦内应急灯失灵等安全隐患。

法院在对该案进行审判时确认了相关人员的罪行，其中事故主要责任者于红新依法被判处有期徒刑七年。事后于红新在接受记者采访时表示："我后悔自己的防火意识太差，一个小烟头，竟惹了这么大的祸。"

是的，一开始就只是一个未被碾灭的烟头，在值班人员擅自离岗、应急灯失灵等各种细节因素的相互作用下，造成了生命死亡和财产损失的重大火灾事故。在此之前，有关部门就中百商厦的火灾隐患下达了《责令限期改正通知书》。如果商厦及时地落实整改方案，如果值班人员未擅自离岗、应急灯未失灵的话，这个烟头所造成的损失肯定会大大减少，甚至不会发生火灾。

北京《京华时报》于2004年7月11日以"一个烟头酿成54人死亡、70

人受伤的灾难 吉林中百商厦火灾案宣判"为题对此事作了报道,并以"侥幸和疏忽才是'第一个烟头'"为题,作了评论。评论说:"于红新随手扔在地上踩了两脚未踩灭的烟头,最终引燃了这场人间惨剧,其罪莫大焉。但人们头脑中安全意识的普遍缺失、无处不在的侥幸心理、日常行为的疏漏,才是对公众安全构成威胁的'第一个烟头',更应引起全社会的高度警惕。""正是这'第一个烟头'使于红新随意扔在地上的'第二个烟头'燃起的火苗能肆无忌惮地蔓延。于红新何尝想将中百商厦这座大楼变为废墟,又何尝想使54个生灵瞬间消失,可是他却没有想到。"

细节的累积性放大效应在企业管理和生活中也有很多。

以前,中国国际航空公司的每架飞机最多配备过125%的航餐,以保证乘客的用餐需要,但经过实际调查后发现,尤其是国内短途飞行中,至少有5%的旅客是不吃饭的。因此,国航及时将每架飞机的配餐量调整为95%。据统计,飞机上每千克重量每小时的飞行耗油量为0.0372加仑,减少机带食物则可因此节省大量燃油成本,这样,单节省下来的餐费及燃油费每年就高达6000万~7000万元。

我国开始提倡限制空调开启时间或提高夏季空调控制温度也是如此。一台1.5匹分体式空调机如果夏天温度调高1℃,按每天运行10小时计算,能节省0.5度电。以此估算,一个家庭一个月至少节电15度。全国按照5000万户计算,那么每个月可节省7.5亿度电。在日本,原首相小泉就曾提出,所有上班族不再打领带,为此办公室空调的温度可以上调1℃,应该也出于同样的考虑。

还有,我们离家外出时,往往关掉电视,却并没有拔掉电源插头,电还在损耗。这种耗电大概相当于30瓦的长明灯一直在点着,会直接导致整个社会缺电72.7亿度。中国这么大,人口这么多,每人每天节约一度电,相当于一年少烧两亿吨煤。

企业不能忽视任何一个客户对你的产品和服务的投诉。根据福特公司的数据：一个对产品和服务满意的客户，会将其满意讲给另外的6个人（这被营销学称为"成本定理"）；而一个对产品和服务不满意的客户，会向12个人讲述他因为买这种产品而遭受的折磨和麻烦（这被营销学称为"扩散定理"）；在企业进行的客户满意度调查中，有1个客户不满意，实际上往往有24个客户不满意，只不过没有表现出来而已（这被营销学称为"杠杆定理"）。所以，企业在其经营管理的过程中，对任何一个关系到客户满意与否的小事都不能放过。

细节的放大效应在我们的工作中有着非常重要的意义，尤其是结构性放大效应，对我们组织系统的运行有着深刻的影响。在开始时，往往是细节的差错，但是到后来，这些微小的差错在各种因素的相互作用下，会导致灾难性的后果，甚至会导致整个系统的毁灭，正所谓"失之毫厘，谬以千里"。

飞机涡轮机的发明者，德国人帕布斯·海恩提出的一个关于飞行安全的法则——"海恩法则"（每一起严重事故的背后，必然有29次轻微事故，有300起未遂先兆，以及1000起事故隐患），有助于我们深刻地理解结构性放大效应。细节的放大效应要求我们在工作中要防微杜渐，不要因为事小而漠视之，不要因为其细而忽略之。否则，积久成弊，最终将导致灾难性的后果。因为任何一个细节上的疏忽，都有可能使整个系统瘫痪，即《细节决定成败》中提到的"1%的失误会导致100%的失败"，即"100-1=0"。

问答录：对话汪中求

问题1：您的管理思想的一个很重要的基点就是抓细节，细节到底是什么？

答：作为一个管理者，应该在你所在的组织，尽可能地去发现一些一般人或旁人发现不了的问题，着手抓紧、抓透，这就是我讲的所谓细节。

我的著作《营销人的自我营销》一书，就专辟章节讲过"把小事做细"，因为你不管做多大的工程，它最后肯定可以分解为若干个具体的项目，每个项目又可以分解成若干个指标，每个指标又可以分成不同的小的指标，每个小的指标囤积，最后肯定是很多很小的事情的组合。在我们周围，很多人就是最基层的、最小的那个单元的事情没有做到位，结果导致整体的效率或效益不好。任何一个面都是由若干条线组成的，一条线由若干个点组成。如果你缺少了某个或某些点，很可能你的线就不能连续；如果线是断的，这个面就会受到破坏。

（根据北京人民广播电台的采访整理）

问题2：细节真正的核心是什么？

答：两句话，细节是科学的精神，细节是认真的态度。这就是细节的核心。

（根据2004年初在北京举办的记者招待会上答记者问整理）

问题3：细节无处不在，在现代企业管理中，我们引进了市场竞争机制，经营观念也发生了根本性的转变。这个转变是从细节开始的，那么细节的实质是什么？

答：细节的实质要从两方面来看。

第一是态度。同样的事，不同的人来做，其结果是不同的，区别就在于做事的态度。上海交通大学安泰管理与经济学院的院长王方华教授曾说："中国人做事从来都是问'做完了没有'，而不问'做好了没有'。"尽管是小事也要有认真的态度去做，才能做好。

第二是科学。任何一个岗位或流程，都有科学的标准，需要科学的训练。对细节的追求是可以衡量的，衡量的尺度就是制定出相应的标准和规范。在ISO管理体系中，所有合同必须要经过评审的检查，并达到标准。评审时，审核员发现客户已经在合同上签字，却没有本公司销售经理的签名，按合同程序的要求，这是一个不合格项。在中资企业中，审核员发现问题后，会在"纠正措施"上填"没有签名的地方补上"。德国企业处理方法就完全不同，发现没有签名，不是简单地补上，而是查找是什么原因，并进行分析。分析发现销售经理经常出差，无法及时地在合同上签字。这说明程序文件不具操作性，应该修改程序文件为"当销售经理不在时，要授权给代理人"。然后在"纠正措施"上填"更改×××号程序文件"。德国企业就是凭着这种审慎严谨、一丝不苟的做事风格，成就了戴姆勒、西门子、大众等世界级企业巨头，同时也打造了"德国制造"这个几乎成为产品品质保证代名词的国家品牌。

（根据《现代商业银行》的采访整理）

问题4：应如何区分"碎片"和"细节"？

答：细节的存在是一种系统性的存在，也就是说，细节只有从系统的角度看才有价值。把细节当作一种系统性存在的时候，你就会通过细节发现系统运行的好坏；也只有每一个细节都运行良好，才能保证整个系统的良好运行。离开了系统，细节就是一种无用的存在，我称之为"碎片"。

（根据郑州公开课现场提问整理）

问题 5：您如何看待"无为而治"与"成大事者不拘小节"这两句话？

答："对于"无为而治"，我认为很多人理解错了。这是一个哲学命题。从管理意义上理解，我认为首先必须是"治"，"无为而治"不是无政府主义，"治"是必然的。"无为而治"强调的是一种境界，它在解决人的深层次的思想，在把人的思想调整好的前提下，很多规则人们会自觉遵守，所以能达到"无为而治"。

"成大事者不拘小节"，首先大事不可能没有小节，大事是由许多小节"链"成的，任何一个鸿篇巨制一定是由一个个词汇组成的。因此，只考虑"大事"而不考虑相应的"小节"是不现实的。"战略上藐视它，战术上重视它"也就是这个道理。人们讲的"成大事者不拘小节"，这里的"小节"是指细枝末节，或鸡毛蒜皮。从做人的角度，我提出：做事立足要低，做人境界要高；做事不贪大，做人不计小。

（根据《管理与财富》杂志的采访整理）

问题 6：中国有句古话，叫作"大丈夫不拘小节"，很多人尤其是不少"大丈夫"将其视为行事指引。这与你讲的"细节决定成败"看上去有矛盾，该如何理解？

答："大丈夫不拘小节"这句话，我的理解是指人格上不拘小节，做人要大气，不阴暗，不斤斤计较。从这点上讲，大丈夫不拘小节放在现代社会也是适用的，但是那些能够体现其内在联系和实质的微小事物和情节，则不能"不拘"。古人说过："一屋不扫，何以扫天下？"中国过去是农业社会，"鸡犬之声相闻，老死不相往来"，个人是否拘小节，与他人关系不大。但是在现代社会，分工越来越细，合作越来越强。一个人在团队中如果不把自己的小事做好，对工作流程、对团队的损害就可能非常大。因此，在工业化的大背景下，大丈夫不可不拘小节。

（根据《深圳晶报》的采访整理）

问题7：100−1＝99，可在您的书中提到了100−1＝0，这让人印象很深刻，您为什么这样说？能找到类似的事例吗？

答：我们不是说所有的细节在所有的情况下都能带来这个后果，而关键环节的失误一定会带来整体上的破坏，甚至失败。一个人死了，并不是所有的零部件都坏了，不是五脏六腑全部爆裂，往往是一根血管不供血就完了。我们一直在讲"短路现象"，一公里长的一条线路，它不供电，任何一个小地方交叉在一起，整个线路就不通了。包括我们现在政府公务员的形象问题，也是如此。有的时候，某一个人的腐败就会引起老百姓对整个基层政府的怀疑。

讲个故事：张之洞任两湖总督，知名之士大半收罗门下，故幕中人才称盛一时。张之洞特别得意时，每次都邀请他们同餐，幕僚都是肃然陪侍。然而张之洞毕竟年纪大了，有时餐未及半竟倚着桌子沉沉睡去，诸幕僚不敢离去，只好整肃端坐，苦待张大人醒来，然后再接着吃饭。我们看这一件小事，就会觉得过去的官僚暮气沉沉。权重一时的张之洞都如此，其他人就未必好到哪儿去了。

（根据《职场风向标》杂志的采访整理）

问题8：以我们的生活经历和思维方式的惯性来看，细节似乎应该属于一个极其私人化的概念，为何在您的理论框架之下，成了一个与企业生存、社会互动乃至国家利益等大事息息相关的"大问题"了呢？细节果真有那么重要吗？

答：细节毫无疑问是一个大问题。细节问题从私人化的概念上升为一个十分宽泛的社会化的大问题，是由我们身处的社会结构分工越来越细这个前提决定的。因为分工越来越细，每个人在社会中的定位也就越来越明晰化和角色化，这必然对人与人之间、部门与部门之间、人群与人群之间的协作提出了更高的要求。如果某个单位因为细节处理不当而

与其他单位出现类似齿轮不能啮合的问题，就会引起整个系统的功能失常，轻则人与人之间出现矛盾，重则导致企业的经营风险，甚至引起国家与国家之间的争端。

有一次，我在讲台上，左手抓着纸杯，右手握着一瓶矿泉水，我问学员："大家认为左手向右移动，还是右手向左移动，还是左右手向中间移动，哪种倒水方式较好？"有人在台下窃窃私语，想必是嘲笑我问的问题太幼稚。我进一步问："如果这样一个动作，我一天要做一万次，我们一个团队有一千人做这个工种，那要不要考虑怎么倒水更好？"

"这就是工业时代科学管理的思维方式！"我大声补充说。全场哑然。

（根据《经济导报》的采访整理）

问题9：常言道，"水至清则无鱼，人至察则无朋"。理论上，细节在我们做人做事的方方面面的确很重要，但如果过于注重细节的完美，在人事的管理中苛责于人于事，会不会影响我们的工作效率、工作情绪，甚至工作态度，而最终影响到工作的效果？

答：注重细节可以从以下几个层面去理解。

第一，细节通过规则予以实施，而不是个人意志的实现，作为企业管理者，应该尽量减少个人与团队的冲突。

第二，任何一项规则的出台，作为管理者不要成为规则的第一倡导人，而要成为规则的第一附和者，这是一种管理技巧。

第三，做事不贪大，做人不计小。

第四，细节管理首先要解决的是员工的习惯问题。说到这里，我联想到媒体行业中的一个成功案例。几年前，内蒙古《北方新报》推出了一个"3mm"规则，就是版面上稿件与稿件之间的距离必须控制在3毫米。为了这个规则，报社总编辑每天亲自坐镇监督，坚持了很长一段时间。通过这个简单的规则训练，培养了报社员工严谨的工作习惯和精益求精的态度。习惯培养了，大家就会自觉地遵守各项规则，工作效率自然就提高了。

（根据《三峡商报》的采访整理）

问题10：汤姆·彼德斯说："对于每一个成功的企业和个人来说，轰轰烈烈的成功时刻往往是短短的一瞬间，而默默地埋头于细节却贯穿整个过程。"您如何看待成功与细节的关系呢？

答：我强调两个观点。

第一，过去人们对于成功的问题有一些盲点，把成功和大的荣誉、大的成就相提并论。实际上，我认为成功是阶段责任的实现。

第二，当前有许多人在学"成功学"。一个人的成功不需要按照别人的成功来指导学习，即便是社会认可的高成就的成功，那也无法在另外一个人身上复制。企业的成功就更不能复制了。例如，海尔集团的成功，只能借鉴它的一些管理方法，而不能再复制出一个海尔。

成功与细节的关系是密不可分的，任何成功都是细节分解的过程，所有的成功都是细节的成功。所谓水到渠成，就是所有事情的完成都是细节完成后的累积过程。

在工业化社会中，由于分工细致使每一个人做的事也变得很细。如果细节做到位了，就是成功。

（根据《现代商业银行》的采访整理）

问题11：《细节决定成败》一问世，便得到了全国读者的认可，位列各大书店销售排行榜，并获得"2004年度全国优秀畅销书社科类排行榜前十种书""2004年度颇具人缘图书"等殊荣。作为作者，您认为其畅销的原因何在呢？

答：一方面，政府和企业，特别是国有企业都面临着巨大的压力。因为他们普遍觉得自己的干部、员工的工作作风不扎实。在中央提出

要"求真务实"后,他们又缺乏相应的学习资料,于是就把这本书当成了学习参考资料。

另一方面,很多人认为现在社会虚、浮、躁等现象严重,这本书能起到一定的纠正作用,从而引起了广泛的共鸣。如葛洲坝集团杨总2004年3月在北京参加人大会议时看到这本书,认为"就像为葛洲坝集团写的",立即打电话给办公室,吩咐集团买100本,发给中层干部。然后,又约我到葛洲坝为他们全集团的干部当面讲一讲。

可以说,我只是在合适的时间提出了合适的观点,仅此而已。

(根据《济南时报》的采访整理)

问题12:很长一段时间,我们身处的人文环境中似乎从来都不曾缺少"大智慧"。日常话语系统中的话语霸权,似乎也一直理所应当地被一些大而化之的理论或者概念把持。人们好像也习惯了用敬仰的目光注视着那些"大智慧"的化身们。而您却冷不丁地抛出《细节决定成败》这么一本观点鲜明且看似"叛逆"的书,竟然大行其道。除去您反弹琵琶地策划、创作、出版此书等人为因素之外,您觉得是什么成全了您?

答:我觉得,我的书之所以有人买,我的课之所以有人听,一个最根本的原因是:我的观点刺中了中国人神经中的某些痛处。什么痛处呢?那就是,我们曾经因为忽视细节而不断地交学费。我在此前的研究中,以及近期到各地讲学的过程中不断发现,一些大的企业表面上看起来很有实力、很光鲜,但骨子里却因为管理上对一些细节的打磨不够,导致企业经营漏洞百出、危机四伏。

值得欣慰的是,中国的政府和企业管理者已经意识到了细节的重要,并且开始有意识地总结过去因为细节的原因所带来的教训。我正是因为说出了这些管理者们想说又未曾说出的话,并且经过对这些感性的想法和碎片式的意识进行整理、盘点和梳理,最终上升为一种成体系的、对他们的管理实践有指导性作用的理论,才赢得了大家的认同,才会有《细节决定成败》一纸风行的盛况。

(根据《经济导报》的采访整理)

问题13:您的书出版之后,图书市场里立马出现了一大批"××决定成败"的书。有些书的封面和标题跟您的书几乎是一模一样,很有迷惑性。对于这种侵权行为,您准备起诉他们吗?

答:你说的是一种跟风现象,也是我们社会的痼疾之一。这种现象的背后,就是人们创新意识的欠缺。因为创新需要很高的成本,包括资金成本、时间成本、机会成本等;而对别人的成功进行"克隆",来得又快又轻松,还能牟取暴利,何乐而不为?

对于跟风者,我不想打官司,因为费时又费力,得不偿失。再说,有人跟风,也证明了书的成功。启功先生对别人模仿他的书法作品在市场上高价出售持同情和宽容的态度,我也是。

(根据《三峡商报》的采访整理)

问题14:在您的《细节决定成败》一书十分畅销之际,我们也听到了一些相反的论调,比如有人说:"中国企业所犯的最大、最普遍的错误是战略错误,而更可怕的错误是我们的企业家根本不知道自己所犯的错误,而一直在细节上找原因。"对此,您如何看待?

答:我强烈地感觉到,"细节"正被很多人"误读"。

我之所以如此强调"细节",一是战略问题不是所有人都应该去讨论的,那只是少数决策者的事;二是一个好的战略决策必须是在做好"细节"的情况下,通过周详的分析后才能做出的;三是即使有了一个好的战略,也必须在"细节"上很好地执行,战略才能真正发挥作用。

更多的人的工作是细节上的执行。如果一个单位里每个人动不动就对战略指手画脚,那谁来做事?谁来执行?

芸芸众生能做大事的实在太少，多数的人在多数情况下只能做一些具体、琐碎、单调的事，也许平淡，也许鸡毛蒜皮，但这却是成就大事不可缺少的基础。中国不仅需要雄韬伟略的战略家，还需要精益求精的执行者；不仅要制定各类管理制度，更要对规章制度不折不扣地执行。中国人勤劳、智慧，但还要有扎扎实实做好每一件事的精细作风。

南辕北辙的道理谁都懂，战略当然很重要，但我不能在书上写：在战略没有出错的情况下，细节决定成败。我只是想强调，对于改变目前中国社会中的浮躁状况而言，细节极其重要。

（根据徐州交通广播台的采访整理）

以量化的数据作为提出问题的依据、分析判断的基础、考察评估的尺度。

——汪中求

第二章
为什么做不好细节

"认真可以把事情做对,用心才能把事情做好"。如果责任感缺位,就会不在乎细节,也看不到细节,更无法做好细节。

一、责任感的普遍缺位

  细节要"用心才能看得见",即认真。如果缺乏认真的态度,是看不到细节的;有时即便看到了细节,也做不到位。

  先讲一个列宁画纽扣的故事。

  十月革命成功不久,当时的莫斯科十分缺粮,需要派一批干部到外地采购粮食。有一位被派去征粮的干部给列宁留下的印象很深。此前列宁看见这位干部衣服上有一颗纽扣脱落了,连续三天他都没有把那颗脱落的纽扣钉上。由于这件事,列宁很想改派别的人去采购粮食,但又觉得理由不充分。后来,此人采购粮食运到半路让白匪给烧了,最终没有拉回半粒粮食。事后的总结会上,列宁一言未发,一直在一张白纸上画着什么,会后人们看到纸上画的是一颗纽扣。

  这个故事给了我们一些启示,但下面的案例就不只是启示了。民警在羁押一位吸毒女子时,未通知相关人员照顾独自被她锁在家里的三岁女儿,使其被活活饿死。

  2003年6月4日下午,成都市青白江区妇女李桂芳将三岁的女儿李思怡反锁在家中后,来到成都市金堂县红旗商场行窃,被保安抓获并报案。

  审讯中,民警发现李桂芳是吸毒人员,依法对李实施强制戒毒。

  当晚10点左右,金堂县城郊派出所用警车将李桂芳送往成都市的强制戒毒所。途中，押送民警在李的要求下，用手机联系李的姐姐，想请其照顾一下李思怡，结果无人接听。于是民警又通知了李桂芳户籍所在地和现居住地的青白江公安分局团结村派出所，请该所通知李的姐姐将李思怡带回家中，或由派出所直接将李思怡接出交给李的姐姐。

6月5日上午，城郊派出所曾责成有关人员联系并办理此事，但有关人员在与团结村派出所通话并得到对方"知道了"的回答之后，就再无人过问此事，也未按法律规定给李桂芳的家属、所在单位和户籍所在地派出所送达《强制戒毒通知书》。就这样，被反锁在家中的李桂芳的三岁女儿李思怡，因无人照管被活活饿死。

我们提倡重视细节，首先强调的是一种对结果要有所承担的责任感。大庆油田的企业文化中有一句话，叫作"岗位责任制的核心就是岗位责任心"。责任感缺位，自然就不在乎细节，也看不到细节，更无法做好细节。

在实际工作中，缺乏责任感是一些人的通病。因为没有注意到的细节，总比我们注意到的细节要多。

我们一直在说，认真可以把事情做对，用心才能把事情做好。用心，就是认真的认真，就是自始至终的认真。我曾经在一个小镇的养路段门口看到一副对联，觉得从工作责任感的角度来看没有比这更好的对联了："把心放在路上，把路放在心上。"真能如此，还有养护不好的公路？其实做其他任何事情，又何尝不是如此！

缺乏责任心使我们看不到应该看到的细节，或者看到了也没有认真地去对待。反过来，如果我们能够怀着崇高的责任感用心去做事，就能够看到那些能给我们带来商机的细节。

有一次，亨利·福特把一辆汽车卖给一位医生。一个看热闹的工人对同伴打趣道："不知哪一年我们才能买得起汽车。""这很简单！从现

在起,你不吃饭,不睡觉,一天干24小时,我想只要5年,你便能拥有一辆汽车。"

这句话使在场的所有人都哄笑起来。然而,福特听了,却没有笑,他决心研制出一种"连擦皮鞋的人也能买得起的汽车"。4年后,福特的T型汽车问世了,价格比其他汽车公司的产品便宜80%,每辆车只卖575美元,投放市场后,供不应求。

福特感慨道:"即使是玩笑,只要你留心思考,也可能有触发你的经营灵感的东西。"

留心思考、认真对待,使福特这位一心要把汽车变为所有人都能够用得上的代步工具、有着强烈社会责任感的企业家,从寻常的玩笑中看出了不寻常的商机。

能否看到细节的差别,就是认真与不认真的差别,就是有无对事情的结果负责的责任感的差别,它们所导致的结果是完全不同的。

一个不经意的细节,往往能够反映一个人深层次的修养。

——汪中求

二、经济发展水平的限制

我们说"细中见精",在生活的层面上,细节代表了一种品质。没有细节,就没有品质。虽然不能绝对地说人们对细节重视的程度完全与社会生活水平高低成正比,但人们对细节的关注,在一定程度上要受到经济发展水平的制约。试想,如果连生存的最基本的条件都得不到满足,何敢奢望"食不厌精,脍不厌细"那份生活的精致!

"食不厌精,脍不厌细。"出自《论语·乡党》。厌:满足;脍:细切的肉。粮食舂得越精越好,肉切得越细越好。形容食物要精制细做。

著名心理学家马斯洛提出了"人类需求层次论"。马斯洛认为,饥有所食,居有所

1943年美国心理学家亚伯拉罕·马斯洛在他的《人的动机理论》一书中首次提出了人类的需求层次理论。

安,是人与生俱来的基本生活需求,人们在情感上也向往安全、爱和自尊,但在人类金字塔式的需求结构中,这些需求只是底层的愿望。他指出:"在没有面包的地方,人类确实只要有面包就可以活下去。但是假如已经有了充足的面包,而且肚子也长期填得饱,那么,人类的欲望又会发生什么变化呢?""其他(高层次的)需求立刻浮现了……当这些需求也得到满足时,新的(更高层次的)需求又出现了,以此类推。"因此,美国心理学家安吉尔很深刻地说:"教育最主要的目的,不是教你挣得面包,而是使每一口面包都香甜。"当然,面包都没有,不会先考虑甜还

是不甜。

需求一旦被满足，它就不再是人类行为背后的主要驱动力。利他主义之所以会存在，是因为这个人的基本需求已经得到一定程度的满足，并因而发展出健全的人格，享受人生，并且帮助别人享受人生。经济学家茅于轼在80岁高龄时得出如下人生结论："享受人生，是一生一世的快乐总量的极大化。懂得帮助别人快乐，我们就有了一个创造快乐的环境，大家都比较容易实现快乐总量极大化的目标。碰到难于决策的事情，想一想怎么能使自己快乐，也使别人快乐，答案就有了。"讲得真好，但仍然是在自己不至于温饱不济的情况下说的，活着是人的第一需要，也是第一快乐。马斯洛的人类需求层次论解释了为什么细节在我们的生活中没有得到重视的物质原因：当生活水平还处于生存层面上的时候，人们只满足于有，无能力要求精。

贫穷是我上的第一所大学。我的家乡在鄱阳湖边，叫湖口，我心中把它叫作"糊口"。我16岁之前，很难吃上一顿饱饭。1979年高中毕业回乡务农，每天早上两趟往返于四公里外的乡政府（当时还叫"公社"）挑化肥，挑回160公斤化肥所挣的是六分四厘钱，冬瓜三分钱一斤，只能买两斤多一点。在这种极其贫穷的情况下，我对面包（准确地说是米饭）有着更深刻的体会。

少年时代的我从来没想过每天吃什么菜，有饭吃、能填饱肚子就是我最强烈的愿望了。当时，我家和大多数家庭一样一日三餐稀饭居多，而稀饭里也多拌有青菜、红薯、南瓜、萝卜之类。直到高中毕业，我回乡务农，学会了用拖拉机耕地，用柴油机抽水（算是技术工种），在兄弟生产队支援吃派饭时（即安排到农户家做客），农户在青菜里多放了几滴油，加了个水蒸蛋，那已经是皇帝般的日子了。

有一天，由于通宵脱麦，我因疲倦半夜睡着了，而全村的社员夜里收工后都饱饱地吃了一餐油水很足的面条。醒来后，我为此哭了一场。不料，次日多数社员都闹肚子，原来煮面条的老人错把涂刷木头的桐油当炒菜的菜油了。使得16岁的我幸灾乐祸了好一阵。

没有解决温饱问题，谈细节，谈精致，就是一种奢望。人们常说，饥饿是治疗厌食的良药。直到今日，我从未见过上了餐桌而我不吃的食物，经过那个年代的人很难理解厌食症一类的现代疾病。因此，在回答我女儿"父女两人为什么消费观念差异极大"的问题时，我的答案是"你的父亲比我的父亲强，我的父亲不能保证我有一个温饱的童年，而你的父亲给了你一个衣食无忧的童年"。

改革开放以来，经过40多年的发展，我国的经济发生了翻天覆地的变化，市场格局已经由供不应求转向供过于求。在这种情况下，人们对于生活用品的需求，已经不再满足于"有"，而是力求于"精"。出于对美好生活的向往，我们对自己提出了更为精致的生活标准，也正是基于这种原因，我们开始对细节给予更多的关注，从而使更高层次的需求得到满足。

总体上讲，我国还是一个发展中国家，人民的平均生活水平还有提升空间。来自国务院扶贫办的数据：2006年，我国仍有低于绝对贫困标准的人口近2100万人；还有近3500万人没有实现稳定脱贫，遇到天灾人祸很容易重新返贫。当然贫困并不一定与做不好细节有必然联系，但在客观上会影响人们对生活精细程度的要求。

例如，在一些相对贫困的地区还是有不少人饭前不洗手、睡前不洗澡。

有一篇文章说："陈景润经历过失学和失业的痛苦，很早就体会到钱的重要性。""简化日常生活，避免任何自以为并不必要的消费。他

此段摘自《读者》2007年第2期，罗声雄的《陈景润的怪癖》。

不刷牙，很少洗澡理发。"

有的人看了这篇文章，肯定会觉得一个大数学家，生活这么不讲究，不可思议。但我是理解的，虽然我现在并不这样生活。

客观地讲，不注重细节反过来也会降低生活效率，大大放慢人们提高生活水平的步伐。例如，我们在大排档吃饭，汤里有一只蚊子、菜里有一根头发，也常常是自己挑出来，不再追究。

某日，在甘肃天水的一家酒店落脚，酒店经理问我如何提高顾客的满意度。我说："你的酒店不应宣传准五星级的概念，这样拉高了顾客的期望值，事实上你的硬件接近五星，配套设施仅为四星，人员服务水平还不过三星。因此你只说你是三星级酒店就使顾客心理容易平衡，就容易产生高满意度了。"

消费者因为消费水平低，就自然而然地降低了对厂家和商家的标准和要求。实际上，这样对社会的进步是非常不利的，企业本来就是要在消费者对细节的挑剔中成熟起来，是在市场的高标准、严要求下发展起来的。

民之从事，常于几成而败之；慎终如始，则无败事。

——《道德经·第六十四章》

三、社会浮躁心态的影响

当前人们不注重细节的另一个重要原因是社会的浮躁心态。

浮躁心态的一种表现，就是整个社会都急于求成。

就一个急于求成，也存在三种情形：其一是幻想一日暴富，一夜成名；其二是动辄宏观战略，贪大求洋；其三是只顾眼前利益，忽略未来。

一次，我半开玩笑地对一位记者朋友说，你们媒体也要对社会浮躁现象承担一定的责任。很多媒体在报道中，可能是出于"吸引眼球"的需要，讲得更多的是明星一夜暴红式的成名（虽然我不反对文化的多元化，但对此类成名之途表示谨慎的欣赏）。即使宣传富甲华人，也不突出其成长的艰难和成功的曲折，尤其不可取的是爆炒所谓的技巧、秘诀、绝招等，渲染快速致富的理念，而很少弘扬那种脚踏实地、把小事做细的精神和思想观念。其实，古人早就强调"欲速则不达"，而我们现在很多时候还在做一些揠苗助长的事情。

"无欲速，无见小利。欲速则不达。见小利，则大事不成。"出自《论语·子路》，意思是：做事不要单纯追求速度，不要贪图小利。单纯追求速度，不讲效果，反而达不到目的；只顾眼前小利，不讲长远利益，那就什么大事也做不成。

2004年7月14日，山西省晋中市中级人民法院依法公开审理了有

"北方第一大案"之称的山西璞真集团特大非法集资诈骗案。涉案主要人员聂玉声在山西创建了一个庞大的"璞真事业机构",在三年时间内非法吸收公众存款达 6.6 亿元,集资诈骗 4800 多万元,受害群众达万余人。调查表明:为非法吸收公众存款,"璞真事业机构"支付的高额回报率最高时曾达到 175%。此后,逐渐降低为 75%、50% 和 20%,平均支付利息均超出同期银行存款利率的几十倍甚至上百倍;与 1993 年震动全国的沈太福长城非法集资案相比,"璞真"允诺的年利率高出七倍以上。

渴望致富自不待言,但轻而易举地获利,获大利,获暴利,非傻即骗。如我写的《营销人的自我营销》一书所言,**"天上很少掉馅饼,天上却常常掉陷阱"**。人生避免上当的唯一策略就是不图较易可得之利。

即使是企业管理,当产生投资达到 10 亿元以上的规模时,保持 3% 左右的投资回报率就不错了,5% 的回报率已是极为难得的。如果高于这个比率,我们就应该引起警觉。过高的回报率反倒是很危险的,因为这很容易导致大量资金短期迅速涌入这个企业,造成企业不正常膨胀。如果资金短期迅速集中到一个行业,很可能造成行业崩溃。

美国有家保险公司,有一年因为风调雨顺,事故发生量大大减少,而使收益率高达 75%。公司董事会认为这一数字远远高于预期的回报率,所以决定只留下 5% 的利润,其余部分全部返还给客户。

这是为什么?难道他们不想赚钱吗?完全不是。他们这样做的目的,除了回报客户,更重要的是防止其他投资者的涌入,因为高额的投资回报率会吸引社会投资大量涌入这个市场,从而大大损害这个行业。如果保持 5% 的投资回报率,那么,竞争者就不敢轻易进入该领域来参与竞争,从而保持自己的市场占有率。

我们知道，中国家电行业的竞争是比较激烈的。格兰仕微波炉有的品种每台甚至只赚一元钱。如此低的利润率，一般的企业是不敢轻易涉足的。在这种情况下，企业只有靠规模、靠精细化管理来创造效益。

在浮躁的背景下，人们只注重短期效益，不愿意做长远打算。

洋务运动的思想家冯桂芬谈论学习西方先进的科学和技术时曾提出："始则师而法之，继则比而齐之，终则驾而上之。"2004年日本自动车协会向通产省及几大主要汽车制造商提交了一份"非正式"的关于中国汽车产业现状和发展的报告。该报告直言不讳地指出，中国汽车工业整体水平"还很脆弱"。报告指出：中国1540家零部件厂支撑着国内15家轿车企业的生产，其中产量超过10万辆的只有5家，它们分散在全国各地，各自为政，并不能发挥整体优势。整个国家工业体系仍处在"粗放型"增长线上。同时预言，外资企业的强势攻击也将危及中国"民族汽车产业"的生存，如果再不做好集中优势力量提高技术的竞争准备，就将被世界汽车工业发展的车轮甩在后面。

> 冯桂芬在1861年写成的《校邠庐抗议》一系列政论，明确指出中国人的素质并不比西方人差，而是人的主观努力不如人。只要国人励精图治，"始则师而法之，继则比而齐之，终则驾而上之"。

我们知道，国产化是中外合资经营的企业生存和发展的生命线。没有国产化，就很难实现外汇平衡；没有国产化，中方就永远只能装配；没有国产化，就永远谈不上汽车工业基地；没有国产化，就不可能制造出低成本、高质量的汽车，产品也不可能具有竞争优势。

国内的汽车生产厂家，国产化率普遍不高。在中国汽车市场持续走热的背景下，中国汽车市场成为世界著名汽车制造商激烈角逐的一个焦点，一些国内汽车制造商在"以国内市场换国外技术"的口号下，纷纷与国外厂家合作。但是这一初衷正面临着被CKD（全散件组装）模式瓦解

的危险。据了解，以精致著称的宝马汽车就是从德国运过来车身，在中国装四个固特异轮胎，然后进入市场的，国产化率不到1%，这与中国合资方事前宣布的40%的国产化率相去甚远。近两年下线的新车大部分都是以CKD（全散件组装）、SKD（半散件组装）方式生产的。这与整车进口差别不大，似是而非的"中国造"汽车，使我国的汽车工业面临着技术、市场两头空的危险。

在2004年召开的国家知识产权战略研讨会上，时任国家知识产权局局长王景川说："我国多数行业和企业的核心技术和关键设备，基本上依赖国外，缺乏能够支撑经济结构调整和产业技术升级的技术体系，特别是缺少拥有自主知识产权的核心技术。"这就向我国产业界提出了"产业技术空心化"的警告。

社会浮躁还容易使社会上跟风现象严重。

2004年春季，因从进口的大豆中检查出了农药，为保护食品安全，国家市场监督管理总局发布禁令，禁止进口巴西大豆，禁令涉及的商家达23家。6月23日，国家市场监督管理总局解除了对23家国际大豆贸易商的进口禁令，中国和巴西乃至南美其他国家入夏以来一直紧绷的大豆贸易神经终于暂时松弛，但是进入7月以后，国内榨油行业却面临着大面积亏损的窘境。原因是，2003年榨一吨豆子能实现700元到800元的利润。在巨额利润驱使下，榨油行业疯狂扩张，盲目投资和重复建设使得榨油行业的产能每年高达近6000万吨，而国内的实际需求只有2500万吨~3000万吨。这种盲目投资导致榨油业的生产能力过剩，进而导致行业性亏损，进口大豆又陷入销售难的困境。

盲目跟风的情况，在我们的每个非垄断行业里几乎都会发生。创新意识不强、创新机制不健全及基础性累积不够，使市场竞争一直停留在产品的层面上。凡是市面上畅销的新产品,有的企业便会跟风、仿造。正如一位做保险业务的人士所说的,"研发出一款新产品不到两个月,别的公司就蜂拥而上"。拙著《细节决定成败》面世后,由于其不俗的销售业绩,市面上也出现了近百种跟风的图书。

为什么社会上会产生浮躁的风气呢?

一方面我们正处在社会转型期。这种转型期表现为结构转型与体制转轨的同步启动,即在实现以工业化、城市化为标志的现代化的同时,还要完成从以计划经济为特征的总体性社会向以市场经济为特征的多元化社会的转变。这是一个巨大的变迁过程。这种转型将不可避免地给社会带来一种不安定感和浮躁感。

另一方面,伴随着经济的高速增长,也会相应地出现浮躁现象。北京师范大学管理学院李永瑞先生说,一个国家的GDP增长到5%～10%,浮躁就变成了一种普遍的现象。

还有,变革时代机会多多,很多人在改革初期只要大胆地闯就比较容易获得成功,有些人甚至是糊里糊涂地获得了巨大的成功。因此,一自信就以一推万,总以为成功很容易,总以为连续成功很有把握,当然就会越来越沉不住气。

同时,自改革开放以来,为缩短中国与西方发达国家在经济发展水平上的差距,本身就包含一种急于求成的心理。拿经济发展来说,中国的企业要在二十多年内走完西方国家经过了两三百年才走过的历程,就会出现多种多样的、繁复多变的发展形态。这种繁复多变也必然在客观上让人产生一种浮躁心态。

合抱之木,生于毫末;九层之台,起于累土;千里之行,始于足下。

——《道德经·第六十四章》

第二章　为什么做不好细节

四、国民素质和职业化训练程度不高

在《细节决定成败》中，我曾提出"个人素质一小步，民族素质一大步"的说法，意在强调要从细节入手，扎扎实实地提高国民素质。

在中国，国民素质问题是一个久远的话题。

早在20世纪初期，各派对于国民素质就有不同的看法。改良派认为，当下国民素质不高，如果实行暴力革命，推翻清政府，则必然引起天下大乱。而资产阶级革命派则认为，如果不推翻腐朽的清政府，则会大大地延误中国现代化的进程，而且若要等国民素质提高之后再进行革命，那要等多长时间？正如资产阶级革命领袖在英国伦敦会见严复时所说的："俟河之清，人寿几何？"

> "俟河之清，人寿几何？"出自《左传·襄公八年》。俟：等待。意思是等待黄河变清，人都多少岁了？比喻期望的事情不能实现。

当今，中国国民的文明素质，仍有待改进、提升之处。这在《细节决定成败》中已经有所论述。我的《透过细节看日本》一文，曾提到垃圾的处理与人类文明的四个阶段。

> 《透过细节看日本》一文发表在《中国商业评论》2006年第12期上。

我认为人类的文明和垃圾的处理紧密相关。垃圾的处理可分为四个文明阶段。

第一个阶段是"随地吐痰阶段"。既然随地吐痰就会随地扔垃圾。

第二个阶段是"集中堆放阶段"。垃圾开始集中堆放，不乱丢。

第三个阶段是"分类处理阶段"。想起一位环保专家说过的一句话："人类本无所谓垃圾，只有堆放不正确的物资。"

第四个阶段是"精细化管理阶段"。比如，通常人们会在可乐喝完后把瓶子扔到垃圾桶了事，而更有素质的人会把可乐瓶上的商标纸撕掉，丢进可燃物的垃圾桶，再把瓶子塞到装瓶罐的垃圾桶内（因为瓶罐回收后也需要工人把商标纸撕掉）。同样，家里用完了的酱油瓶，讲究精细化的人往往会用清水把瓶子先洗一洗，再放到垃圾桶里，因为回收后也需要清洗。含气体类产品的空瓶子，在扔进垃圾桶之前，会先给瓶身扎一个孔，以免存在不安全的隐患。

我在欧洲听到这样一件事情：一位老太太，把砸碎的镜框玻璃收拢后，用一个小布袋装好，把袋口扎上，贴上一个小标签注明"碎玻璃，小心"的字样。这的确是值得称道的，这不仅仅是垃圾处理的方法问题，深层的问题是对他人的尊重和爱。

说到《透过细节看日本》这篇文章，使我不得不提及这篇文章在我的博客上登载后的故事。

《透过细节看日本》在网上发表前，我就不由得担心：会不会有人看了此文，就认定汪中求没有民族自尊心了呢？因为差距、因为追赶、因为时不我待，我仍然将文章予以发表。但是，因为其中有一些叙述和描写反映出日本的国民素质比较高，尽管都是事实的记述，还是遭到了一片板砖飞舞，谩骂的也不在少数。

有些网友指出"愤青"的过激反应本身就是素质问题。有位网友发表评论说："看了你的文章，很感慨。但是一看留言，感到心中隐隐地作痛。民族的仇恨是一个国家发展的动力，但是不能因为我们所面对的对手有优秀之处,就忘记了自己的责任;也不能因为是对手,就无视他们的优秀。一个意识形态成熟的人,一定会客观地分析对方的优缺点,学习长处来发展自己,这才是一种进步。"

于是,我在博客上这样说:"当然,我的这篇文章是一篇考察的纪实,对日本的了解和理解自然很不全面,更不能算透彻,我也不是日本问题研究专家,就算专家也未必全对。"2006年12月31日,我曾回复网友道:"骂声一片,意料之中;板砖横飞,早有准备。国家不是靠'愤青'可以强大的,百年前的先辈尚懂得师夷长技以制夷;爱国不是靠谩骂可以证明的,更多的人在深思并启动自己!"

再给朋友们看一个数据:《透过细节看日本》是分上下篇发表的,然而12月29日发表的上半部分阅读量仅为6468人次,只占下半部分阅读量的23.9%。可见很多人是文章都不愿看完就匆匆发表评论的,能说有多大的准头?就更不用说把我博客上的全部文章看完再评价我本人了!

我还想说,当年徐永昌到达战争刚刚结束的日本,见到人们行色匆匆,努力做自己的事情,感慨地说:"吾人切不可有痛饮黄龙之想,因为一个战败国能有如此表现,其中兴是指日可待的!"

处处是细节,处处见素质。

确实,以自给自足的生产方式为基础的农业文明与以大机器生产为主的工业文明;散居在广袤田野上的农村与设施齐全、聚集而居的城市,对人素质的要求是不同的。现在,由于中国的城市正在发展中,一些人城市化的时间还比较短,并且还有相当多的人正不断地从农村涌向城市,不能及时地进行转变,以适应城市化对居民的文明要求。

与城市化的进程相对应,进入工厂及企业的人也存在着职业化训练程度不高的问题。一方面,中国市场化的起步比较晚,企业管理的实

践时间也相对较短，因而很多企业管理者还没有找到能够有效地对员工进行职业化培训的方法；另一方面，由于没有受到职业化训练或因方法不当使员工不能领会职业化的实质，或者因期望没有得到满足等，带着失望情绪的员工还没有形成一个工作者应该具有的职业素质和敬业精神。所有这些因素，都会对人们做好细节产生一些不利的影响。

五、重大轻小、重概括轻数据的传统文化的影响

中国人不大重视细节，与我们的传统文化心理也有一定的关系。

中国人具有"重大轻小"的传统文化心理，可能是受疆域辽阔、地大物博的泱泱大国之风的影响。中国人一向重大轻小，凡与"小"沾边的事物，均受到轻视，如"小人""小气""小心眼""小事""小节"等，都受到以做大事、当大官、建大功、立大业相标榜的"大丈夫"们的蔑视；科学技术在清代被视为"奇技淫巧"，发明创造被视为"雕虫小技"，是"壮夫不为"的事情。不愿意做小事，所以就不可能把小事做细。但是，"魔鬼"存在于细节之中，更直接地说，事物的规律存在于事物的细节之中。**不愿意做小事，不把小事做细，就不容易找到事物之间的内在联系，进而也就失去了认识事物内在联系和本质的机会。**

其实，人生无大事。大事是就其对人生的作用而言的，如工作、婚姻、家庭、事业等，但就其具体的实施来说，无大事可言。因为人生的任何事，都是由化解了的一个个平凡的、系列的、连贯的、体现了思想内容的小动作来实现的。这些小动作都做到位了，事就做成了，否则就失败了。

个人的事只能是小事，而需要很多人合作才能完成的事，才算是大事。如举办奥运会、三峡工程、中国的新民主主义革命等。

美国阿波罗号航天飞船登上月球时，航天员阿姆斯特朗留下了一句

世纪名言:"我现在迈出的是一小步,但在人类历史上却是一大步!"试想,一个人迈的步再大,能有多大?世界跳远的最高纪录不到九米,阿姆斯特朗一步所迈的只不过是一米左右的距离。但对人类实现登月的梦想来说,却是伟大的进步。那么,这个进步是他一个人创造的吗?绝对不是!在他的身后,有着无数人的努力。把阿姆斯特朗送上月球的阿波罗号宇宙飞船就有几百万个零件,需要无数人的努力。因此,人类历史的一大步是集无数人的无数个细节于一体的一次伟大的行动。而所谓的伟大与成就都是由一件件小事,由一个个细节积累起来的。

在中国传统文化中,与重大轻小的心理相对应的,就是对事物重定性、轻定量,重概括、轻数据。这导致了"大概""差不多""少许""若干""无数"等一些模糊性的词汇在社会上使用频率极高。如我们在做菜时,对调料的要求,都是"盐少许""醋少许""酒若干"等。

一次我要到外地讲课,便向一位朋友询问天气状况。对方回答说:"最近我们这里挺热。"这种模糊的回答就无法满足我的要求,因为这让我无法确定到底该穿什么衣服。如果他直接说,最高气温24℃,最低气温16℃,那我就知道了,西装用不着带,带件长袖的衬衫就可以了。但是,我们就是不习惯采用这种精确的数据化的交流方式。

东北人的口头语"老了"(很多的意思),那么"老了"(很多)是多少?郑州人的口头禅"再说吧","再说"是哪天说?北京人也喜欢拍胸脯承诺"没问题,包在我身上",指向不具体,也就等于没承诺,拍拍衣服上的灰尘也就忘到九霄云外了。当然,《水煮三国》的作者成君忆先生也曾批评我,讲课和交流常常是"大概可能也许是,但是恐怕不见得。或者还是有道理,个人看法很难说"。这只能说明我还颇知自己的浅薄而不自信,未敢作果断和坚定状,算不得真正的"专家"。但所有这些不确定的交流的确不利于沟通。

我曾在一家医院讲细节管理，课后一位老中医很关心地对我说："你这样讲课时间太长，会伤身体的，因为说话伤气。"于是有了以下的对话。

"伤什么气？"

"宗气。人有四气：元气、宗气、营气、卫气。"

"我一天讲六个小时，伤多少气？"

"不能具体说伤多少气。"

"那您能帮我补一些宗气吗？"

"人之四气，不是轮胎中的气，打进去就可以了。要食补。"

"吃什么可以补宗气？每一餐吃几斤几两才能补上失去的宗气？"

"没有这么问话的！"

老中医不悦了，他一片好心给我提示，而我却这么较真，真是不好意思。

这种模糊表述严重地影响了我们的行为方式，甚至就连对敌作战这种严肃的事情，清朝军官也将"伤敌无数""杀敌无算"或"死伤严重""血流成河"等模糊的数字用在送给上级的战报中。胡适还专门写了一篇《差不多先生传》的文章批评对事物的那种不认真、不追根究底的态度。

应该说，古人对细节的认识是非常深刻的，如"天下大事，必作于细""不矜细行，终累大德""要知真放在精微"等，但为什么这些思想在后来的社会发展中却没有得到很好的贯彻落实呢？这是一个值得探讨的问题。

在这方面，我们应该学习德国人的严谨精神和工作作风。我曾看到过一个有关德国人的资料。

在德国访问的一行中国人，向一名德国人问路，问多长时间才能到达他们要去的地方。那名德国人告诉他们怎么走后就沉默不语。得到指点后的中国人便继续朝目的地走去。过了一段时间，那名指路的德国人

又追赶上来,告诉他们需要多长时间才能到达他们要去的地方。这行中国人感到很奇怪,问他为什么刚才不说呢?德国人回答说:"你们刚才问的是要用多长时间才能到达目的地,而不是问到那里去有多远。要知道用多长时间才能到达那里,就必须知道你们走路的速度,才能估算出到底需要多长时间。所以,我刚才看了你们走路的速度之后,就知道你们到达目的地需要多少时间了。"

这种精确、细致的作风令在场的中国人惊叹,也值得那些习惯于"马大哈"的中国人学习(我以为,"马大哈"一词应是马马虎虎、大大咧咧、嘻嘻哈哈三个词的组合)。

一位德国同学煮蛋,先看说明书,然后一手掐着表,一手测着温度。有位中国留学生说:"你放那儿煮嘛,去洗两件衣服,转过头来就煮好了。"德国同学说:"水烧开后再煮多少分钟,鸡蛋的营养价值最高?"中国同学一时语塞。当然,煮蛋自己吃,不懂煮几分钟更营养没关系,如果是厨师不了解这些数据就不能算专业,也就难以敬业了。

差不多先生传

胡 适

你知道中国有名的人是谁?提起此人,人人皆晓,处处闻名,他姓差,名不多,是各省各县各村人氏。你一定见过他,一定听别人谈起过他。差不多先生的名字天天挂在大家的口头上,因为他是全国人的代表。

差不多先生的相貌和你我都差不多。他有一双眼睛,但看得不很清楚;有两只耳朵,但听得不很分明;有鼻子和嘴,但他对于气味和口味都不很讲究；他的脑子也不小，但他的记性却不很精明，他的思想也不很细密。

他常常说："凡事只要差不多就好了。何必太精明呢？"

他小的时候，他妈叫他去买红糖，他买了白糖回来，他妈骂他，他摇摇头道："红糖白糖不是差不多吗？"

他在学堂的时候，先生问他："直隶省的西边是哪一省？"他说是陕西。先生说："错了。是山西，不是陕西。"他说："陕西同山西不是差不多吗？"

后来他在一个钱铺里做伙计，他也会写，也会算，只是总不精细，十字常常写成千字，千字常常写成十字。掌柜的生气了，常常骂他，他只是笑嘻嘻地赔小心道："千字比十字只多一小撇，不是差不多吗？"

有一天，他为了一件要紧的事，要搭火车到上海去。他从从容容地走到火车站，迟了两分钟，火车已开走了。他白瞪着眼，望着远远的火车上的煤烟，摇摇头道："只好明天再走了，今天走同明天走，也还差不多。可是火车公司未免太认真了。8点30分开，同8点32分开，不是差不多吗？"他一面说，一面慢慢地走回家，心里总不很明白为什么火车不肯等他两分钟。

有一天，他忽然得一急病，赶快叫家人去请东街的汪大夫。那家人急急忙忙地跑去，一时寻不着东街汪大夫，却把西街的牛医王大夫请来了。差不多先生病在床上，知道寻错了人，但病急了，身上痛苦，心里焦急，等不得了，说道："好在王大夫同汪大夫也差不多，让他试试看吧。"于是这位牛医王大夫走近床前，用医牛的法子给差不多先生治病。不上一点钟，差不多先生就一命呜呼了。

差不多先生差不多要死的时候，一口气断断续续地说道："活人同死人也差……差……差……不多……凡事只要……差……差……不多……

第二章　为什么做不好细节

细节决定成败 II

就……好了……何……何……必……太……太认真呢?"他说完这句格言,方才绝气了。

他死后,大家都很称赞差不多先生样样事情看得破,想得通,大家都说他一生不肯认真,不肯算账,不肯计较,真是一位有德行的人,于是大家给他取个死后的法号,叫他作圆通大师。

他的名誉越传越远,越久越大。无数人都学他。于是人人都成了一个差不多先生——然而中国从此就成了一个懒人国了。

善不积,不足以成名;恶不积,不足以灭身。小人以小善为无益而弗为也,以小恶为无伤而弗去也,故恶积而不可掩,罪大而不可解。

——《易经·系辞传下》

问答录：对话汪中求

问题1：一个企业做不好细节的原因及危害在哪里？

答：企业做不好细节的原因非常多，我们在此只谈一个层面——管理层。员工做不好细节并不全在员工不愿做好，也不在员工完全不会做，更多的原因在管理者，因为"只有管理者才能破坏管理"。

在企业管理中，许多管理规则是被管理者自己破坏的。有人形象地说，对于有些管理者来说，规则是他手上牵的狗，想咬谁就咬谁，唯独不咬自己。在中国的企业中，管理者控制着权力，就要好好地把握和运用。管理者要改变一个决定，或超出规则、违背程序、冲破流程是很容易的，因此，企业管理的问题往往是管理者自己造成的。

我们做过调查，一般企业中普遍存在着执行不到位的现象，主要原因有以下十种。

第一，工作标准不具体。管理主要管的是人和事，人是岗位，事是流程，岗位和流程的标准不具体，事情就无法做好。

第二，考核标准不一致。最基层的考核非常到位，但对管理者的考核不是很到位。上司和员工的考核标准不一样，只让员工做到位，管理者自己常常例外。

第三，没有例会制度。由于没有例会制度，企业问题不容易暴露，不容易及时发现，更谈不到及时改正。

第四，没有第二责任人。当管理者外出时，应当委托其他人来处理该岗位应承担的工作，管理者虽不在，但是他的岗位还是要继续起作用的。

第五，文件表述复杂。中国有个成语叫"对牛弹琴"，常用来比喻听者无知。实际上牛是可以懂琴的，母牛在琴声的刺激下产奶量会提高，但乱弹琴只能是噪音，牛也听不懂啊。

第六，不做推演。有些文件没有经过推理和演绎，放到实际工作中没办法执行下去。

第七，成册颁布大量的文件。文件一多，不仅员工无法消化，就是管理者自己也常常是顾此失彼。

第八，对下级上传的资讯不重视。管理者忽视下属递交的方案、报告和请示，表现出轻率的态度，导致下属会用同样的态度对待管理者下达的指示。

第九，越级指挥。一个成熟的企业都有自己做事的流程、次序和基本的方法。越级指挥会破坏企业的管理规则。我们常常强调：上级可以越级调查，但不可以越级指挥；下级可以越级投诉，但不可以越级汇报。

第十，习惯做批示。管理者批示文件本身没有错，但是，不是所有的事情都能够通过批示的方式解决，这些行为是管理者的随意性或自我认识不足造成的。管理者的权力应当是分配的权力和监督的权力。

上述现象属于企业未做好细节的原因，以及所带来的不良后果。企业的管理者应当审视这些现象，在工作中尽量避免。

（根据河南新乡公开课现场提问记录整理）

问题2：同样是在中国，是中国人在做事，为何在麦当劳就能够注重细节，到底是素质和精神在起作用，还是管理规则的细化在起作用？

答：这个问题很深刻。在麦当劳，中国员工同样也可以做好细节，我认为有两个原因。

第一是麦当劳的管理规则已经全部规范化了。麦当劳有三本手册：一本产品手册，一本服务手册，一本管理手册。所有的管理都按标准提出来，比如：洗手规定要用温水来洗，用麦当劳提供的专用洗手液，洗完手只能晾干或烘干。在麦当劳不用你思考事情该怎么做，只存在一个训练问题，它拥有极强的复制能力，人们只须按照它的标准去复制自己的行为。

第二是麦当劳非常重视员工训练。麦当劳的新员工训练一般都在四个月以上，不像我们国内企业的训练，一两个星期就可以上岗了。没有经过训练，怎么可能成为一名合格的员工呢？社会人才不等于企业人才，他可能是个人才，但不等于是你企业的人才。要想使他成为你企业的人才，就要把你的企业标准明确地教给他。

从某种意义上说，企业要把新的员工，包括老总在内，都应该看成是倒空了的，即认为他什么都不知道，按照你的标准去训练他。而且，每个人不只是在技能上提高，在思想境界上也要同步。所以关于麦当劳的细节问题既是方法层面的问题，又是思想境界的问题，这都是可以通过行为的训练来调整的。

比如，在座的各位可能有研究孔子的学者，孔子当年推广他的儒家思想不是靠教条，不是光编订几本书就完了的，他当时做得更多的是用礼的方式来引导别人，他把他所推崇的文化设计成详细的礼的程序。他通过这个程序来调整人们的思想，所以，孔子当年最大的发明是克制自己复制周礼。我认为这是孔子在学术推广上的一个发明，即通过行为的设计和训练推广来改变人们的思想状态。

（根据在楚天广播电台"名家讲坛"上的提问记录整理）

问题3： 据统计，世界500强企业的平均寿命是40～50岁。美国每年新生50万家企业，10年后仅剩4%。日本存活10年的企业比例亦为18.3%。而中国企业的平均寿命是7～8岁，中小民营企业平均寿命是

2.9 岁。您认为中国企业短命是否与忽视细节有关系呢?

答:企业的寿命短当然不全是细节的问题,但是肯定与细节有关。从深层次来说,我们很多企业,尤其是中小民营企业,在成立之初,就没有想清楚自己该做什么。如果认真去调查,你会发现一个很奇怪的现象,就是很多的民营企业主当初成立公司的目的就是为自己找份工作,而没有想清楚企业该干什么。所以在那种情况下,企业想要做得长久,是勉为其难的。我认为,中国在若干年前,从严格意义上来说,是没有企业的。因为中国进入工业社会的时间非常短。企业寿命不长的这种情况是可以理解的,但是长期这么做是非常危险的。

海尔集团总裁张瑞敏在谈到国民素质时有一个经典的说法:"如果让一个日本员工每天擦六遍桌子,他们一定会一丝不苟地每天擦六遍,而我们中国的员工第一天会擦六遍,第二天也会擦六遍,可是第三天就会擦五遍,第四天可能只擦四遍……"这种说法向我们揭示了什么?是否说明我们的很多产品质量就差在国民素质上?所以企业要想长寿,细节不能被忽视。

(根据襄樊电视台汪中求专访后播出的节目整理)

问题 4:你说精细化管理与体制无关,与素质有关,而严复一百多年前就提出中国人的素质问题,并且你举了很多例子说明中国人的素质与西方人的素质有很大的差异,你认为在中国实行精细化管理会有效果吗?

答:有。虽然现在我们国家的国民素质没有完全达到社会进步的同步标准,但是我们不能认为我们国民素质就低得一塌糊涂。因为,我们的国民到发达国家,都能适应人家的规则。比如:我们到西方国家去,也能彬彬有礼,也不随地吐痰,临出门也晓得关灯。因此,对我们中国人素质的第一要务是唤醒。这个阶段,包括企业对精细化的认识，要先意识到精细化管理是必要的。这个认识过程就是很大的提升过程。

企业开始意识到精细化管理，这本身就是一个进步，因为他开始讨论标准，开始研究规则，开始遵循秩序。这样整个民族的提升就会很快，我坚信精细化管理是有用的。

见《山西晚报》2004年4月29日版。

有一家媒体说，《细节决定成败》这本书就像"一根银针扎在中国人浮躁的穴位上"。我认为是有道理的。我们倡导细节观念就是要通过一个理念、一个思想、一个观点，激发大家的自我认识，使大家醒悟过来。

因此我们虽然承认素质的差异，但并不是我们的素质无法提高。在短期内，通过唤醒，就可以使我们的素质得到大幅度的提高，这是必然的。不是不能，而是我们不想做，如果认识到了，一定会大踏步地前进。

因此我想送大家荣毅仁先生最喜欢的一句话："发上等愿，结中等缘，享下等福；择高处立，就平处坐，向宽处行。"

（根据中国储备粮管理总公司讲课现场问答整理）

问题5：汪老师您好！我是一名旅游公司的员工，现在我们旅游界存在着一个很严重的问题，就是导游和游客的关系越来越僵化，感觉人们素质越来越低，有什么办法改变这种现状吗？

答：我认为现在游客与导游之间的关系僵化，矛盾的主体在于导游而不在于游客。

第一点，导游总认为游客要求太高，这是不对的。我曾经讲过一句话，"顾客任何建议都是有价值的，任何的错都不是错"，也就是说顾客永远是对的。这句话我们应该这么理解，顾客很多要求都是对的，如

果顾客要求不对,那也是我们导游没有说清楚。如果顾客有过分的要求,他就不是顾客了,那人本身就不具备做人的基本素质,不是我们管的范畴。比如,这个游线2000元,他说1000元就够了。这个要求你肯定觉得不对,但是我认为是对的。为什么呢?未来完全有可能1000元。我当初卖计算机的时候,一台计算机卖两万多元,那时候还是286的处理器。当时有人说:"怎么这么贵啊,两万多元,2000元差不多。"当时我的员工就说人家傻瓜,我马上把员工狠狠地批评了一顿,我说:"怎么说顾客是傻瓜呢?未来完全有可能2000元一台计算机。"现在计算机不就很便宜了嘛。顾客有时候提出的问题,可能是非常幼稚的,甚至是天真的。但是要知道,所有的企业都是在顾客的骂声中成长起来的。顾客把不理解的东西提出来,就促使商家进步。

第二点,虽然现在有很多非常优秀的导游出现,但是导游的专业化程度还是不够。比如,很多导游老是跟游客讲一些低俗的段子,我就非常不赞同。表面上好像吸引了人,活跃了气氛,但是却降低了自己的职业水准,游客就很可能有乱七八糟的想法了。真正好的导游,应该以丰富的知识和高尚的人格修养去影响别人。自己的职业水准到底怎么样,映照出了游客的状态。如果导游自己的职业水准不够,那么游客也会抛弃尊严,这样就产生了一个错误的互动。

第三点,从管理的角度来讲,导游现在的素质提升,必须通过手册来解决。手册包括什么呢?包括怎么说话,怎么走路,在什么情况下怎么处理,应急处理方案……这些东西都是领导应该给导游详细做出来的。这种手册规定得越细,我们的导游就越规范;我们的导游越规范,游客越尊重你,矛盾就越少。事实上现在很多常见的错误,是我们管理者可以消灭在导游没有出门之前的。

第四点,我并不赞同导游一定得年轻人来做,更不一定是青春美少女。导游的职业要求某些知识要有深度和广度，多数导游遇到知识型的游客提出稍微深入一点或展开一点的问题就哑口无言，一筹莫展，往往只会死记硬背导游词，也不管导游词是否已经严重过时。重要的景区，特别是重点古迹，能否让一些退休的老教师去做，他们可以承担重点游客的导游任务。像我老家九江庐山风景区的白鹿书院，就应该高薪聘请九江学院有国学功底的老师和教授来担当特别导游。

（根据深圳移动组织的商务论坛问答记录整理）

问题6：您认为中国目前不存在管理科学，而急需管理人才，那么大学教育应如何培养学生？管理专业的毕业生应具备什么素质？

答：我现在是六所大学的特聘教授或客座教授，严格来说，就是大学的临时工，因为是两年一聘的。我确实思考过大学教育该怎么做，这个提问的人不知道是不是大学的老师，如果是大学的老师或大专院校的管理者，关于这个问题，我想给你四点建议。

第一，在校大学生学管理，首先要让他拼命背名词解释。没有什么好的理由。如果学管理专业，能背200个管理学的名词解释，就很了不得了。他背多了之后，一定会琢磨这句话是什么意思，慢慢琢磨，琢磨不懂再找老师，慢慢地就会理解其意思，我觉得这个死板的做法是很重要的。

第二，大学的老师应该尽可能花时间到企业去兼职。这种兼职我觉得不应该少于你教学工作1/3的时间。不能光跑到企业搞一个调查就回来了，这没用。当然你如果专门研究营销市场学的调查部分，你去做调查，一个月做一个礼拜，好像还可以。但是大部分的教授如果只是到企业去晃一下，走马观花，这样对教学与学术研究根本没有什么作用。而且我建议最好去任实职，不一定要任很高的职，要实实在在的职务。不要认为教授至少要任副总，你可以先任销售部的一个区

域经理,当然你还可以配一个很好的副经理,甚至你自己当副经理,也是可以的。这样认真做点事情,那你对管理的感受,将不再是纸上谈兵了。

第三,大学生应该花更多的时间接受社会的锻炼。现在大学生锻炼的时间太少了,只是寒暑假出去溜达一下,我认为根本没有用。请大家注意一个问题,那就是中国的医学院学生出来,都比较受欢迎。为什么呢?因为医学院的学生,一般都读五年,五年当中最后一年甚至一年半是在做临床。但是我们学管理的学生,从来不去"临床",只是毕业前有二三十天到企业去"混"一下,有什么用呢?管理系的学生要拿出一年左右的时间到企业去。当然也可以分成几段,实实在在地去做一些非常具体的事情,大学一年级下学期就可以干,比如先做业务员,回到学校之后学营销,这时已经有初步的实践经验,学习起来也就比较容易理解。因此我们应该增加大学生在社会上锻炼的机会和实践的时间。

第四,大学的课程要赶快改。现在很多大学的很多课程完全不实用,一些大学设计了3类课程,就是必修课、选修课和公共课。比如说,我们的团队经过研讨,觉得学生毕业与走向工作岗位之间,有一大块知识和技能空档,于是组织了36门课程,一门课程最多4个小时,最少2个小时。在餐桌上的礼仪就是一门课,要教会大学生基本的礼仪。有的大学生毕业后,跟着老板见客户,怎样帮人家倒酒,走路该走什么位置都不知道,显得傻乎乎的。事实上这个孩子很厉害,发表过论文,甚至还拿过优秀奖,还是三好学生呢,但是很多看似鸡毛蒜皮的事情他根本就不会,因为学校没有教过他。因此,应该开设更多的学校与社会相衔接的课程。企业招人,总是要加一个条件,那就是三年以上工作经验。请大家注意,为什么加三年以上工作经验？主要是具备三年以上工作经验的人，已经对社会有基本的了解，能够适应社会，并且知道遵守社会的一些规则，能熟练处理一些"小事"。这种认真的态度和规则的意识，就是企业最需要的，而不仅仅是你的专业知识。

我女儿现在是大三的学生，对于她的社会知识的积累，我给了她36条建议，我觉得对她和同龄的年轻人都应有借鉴作用，大家可以参看我的新书《细节决定成败Ⅱ》中的附录二——《给女儿待人接物的36条建议》或我的新浪博客2007年2月15日之博文。

（根据珠海精细化管理培训的问答整理）

有些不发达地区可以从乡间小路直接进到高速公路，但管理阶段则不可能如此跨越，基础管理无法绕过。

——汪中求

第三章

如何做好细节

一个人的思想意识、思维方式等很难改变，但行为习惯可以靠强力来扭转，我们可以通过持续地改造行为而逐渐达到改造思维的目的。

第三章 如何做好细节

在《细节决定成败》中,我用了18万字、80个案例,试图告知读者细节的重要性,实际上说的是一个人务实的态度、追求完美的立场。书出来以后,很快有了繁体中文版,继而被输出到了越南和韩国,韩文版把这个题目译成"细节的力量(Power of Detail)",虽然少了点冲击力,但似乎更加准确。细节有哪些功能?如何实现这些功能?怎样发挥细节的威力?的确引人深思。下面,我从企业管理的角度来讨论"如何做好细节"这个问题,重点从部分企业的细节管理实践、高层管理人员借助规则做细节、对中层做细节的建议、细节习惯的训练这四个方面去谈。

《细节决定成败》繁体中文版

《细节决定成败》韩国版

一、简单不等于容易
——企业细节管理的实践

"细节决定成败"既非一个科学论断,又远非一门管理学科,它仅仅是一种观点、一种理念;《细节决定成败》既非一本工作指导书,又远非可操作的细节管理手册。但在中国大地上,确有一些企业在细节管理上已走在了前面。

"《细节决定成败》这本书,只要识字的人都能看得懂,但只有德胜的人会领悟到这里边的深刻道理。"这句话是德胜(苏州)洋楼公司的老板聂圣哲先生说的。于是,我们不能不去考察德胜公司,不能不去接触德胜的人。

德胜是苏州工业园区的一家专业从事美式木制洋楼建造的公司,公司的经营状况用聂圣哲的话说是:"现在的生意好得不得了,好得很有压力,好得我许多电话不敢接。""今年和明年的工资奖金都是没有问题的,即使不干活,也能发得出去。"

有一家客户,很多同行派人在它附近的酒店蹲守。有的住了一个多月,连客户面都没见上。而德胜接洽此业务的王专员一去,客户决策层的高管亲自开车,陪着王专员去澳门喝早茶。如此礼遇,难道德胜改写了"需方市场"的游戏规则和现实格局?

经营到这种程度的公司实在不多见,那么,它的优势在哪儿呢?还用聂圣哲先生的话来回答:"他们(指竞争对手)用劣质的材料跟我们打

成本仗,我们不怕,所以我们成功了。如果真遇到一家像我们这样水平的公司跟我们打成本仗,我们就害怕了。"也就是说,德胜公司靠的主要是货真价实、优良品质带来的市场稳固,靠的是管理水平胜出竞争对手一筹。

当我认真考察了德胜之后,我就很有把握地说,其他同行在管理上达到和超过德胜的水平,可能性是非常小的。因为他们的管理已达所有程序、环节的末梢,他们深谙细节管理之道。我先罗列一些现象给各位看看,然后再来讨论这些现象背后的企业文化。

在德胜,所有新员工(35岁以下)不管什么学历,都从打扫卫生开始,不是一两天,而是两三个月,不是一般的扫地,而是按五星级酒店服务员的要求完成小区内、洋楼内、接待客房内的保洁工作。这样在心态上就能够锻炼员工从小事做起,把小事做透。

德胜的员工每天早上都要默读一句话,**"我们实在没有什么大本事,我只有认真做事的精神"**。每个员工都相信,只要认真了,就有可能成为这个国家的第一名。所有的管理人员工牌上都有一句话,"我首先是个出色的员工"。一位同聂先生相识二十多年的老员工同我讨论这一句话时,很不好意思地跟我解释:"我的工牌上没有这句话,我是不合格的员工。当然,我的岗位在塞奇工作室,是聂先生的另一家文化机构。"

德胜的干部每月换岗一次,把管理工作交出来,手机存放到办公室,实实在在做一个小兵,拿工具做小事。我考察德胜的时候,适逢公司的财务总监轮岗,她在波特兰小街(德胜洋楼的示范小区)的街区马路上扫地。第一眼见她,我还以为她是外来的农民工。

聂圣哲自己做事也常常是"这个事情我在电话里说不清,我要到现场来"。到现场给下属做示范,交代清楚,直到下属满意才离开。这种工作态度已成为德胜干部的工作作风。

德胜还成立了程序运作中心,据我所知这在中国企业中是第一家,这一群人别的什么活都不干,只管所有员工是不是按程序做事。不管你是什么职务,资历多老,不按照程序做事就一定处罚。德胜认为,一件事即使做成了,如果不按程序做,也等于没有成功,即使执行程序有一些浪费也是必需的。开车系安全带是程序,一生系几千次安全带,可能没有一次派上用场,但一旦产生作用了,就是性命攸关的事。执行程序必须较真。

德胜根据程序的要求,提出了许许多多的细节规范。

- 旋空调的塑料螺丝,用旋铁螺丝的方法旋是不行的。
- 2593 这栋房子,工地上 3 英寸的 L 型弯头,计划用 3 个,结果用了 5 个,得写出理由来。
- 每 6 英寸钉一个钉子,就不可以在 6 英寸半或 7 英寸处钉钉子。
- 洋楼里的一个死角,按程序要花 20 元的油漆,就不可以偷工减料。
- 钉石膏板要把施工者的名字写在板头上。
- 接待室规定天晴开哪几盏灯、下雨又加开哪几盏灯,必须严格执行;接待参观的样板房,规定范围内的灯、音乐唱机和电视必须打开。
- 小区的绿化有虫害,必须弄清楚食叶类和食汁类不同类别的害虫,前者用"敌杀死",后者用"绿叶通"。

在德胜,做事情不允许"基本上理解""大概这么做"。

2004 年美国的一期《经济学》周报报道德胜,"作为德胜员工,都会拿到一份 86 页的手册,手册里包括公司的规章制度,从工作安全到个人卫生等"。"公司强迫员工在三个月内改变他们的个人习惯,然后才培训他们成为专业产业工人"。

我有幸读到这本小册子，上面对员工勤洗澡（争取每天一次）、刷牙（每天至少一次）、理发（每月至少一次）等的规定都是非常具体的，与一些企业管理文件中的"坚决贯彻执行路线、方针、政策"之类的不可操作的条款是截然不同的。

这本小册子上关于"不得接受客户的礼品及招待"一款，作出了以下的详细说明：不得接受20支烟或100克酒以上的礼品，禁止20元以上的工作餐。至于几乎所有企业都给予优先关注的财务报销制度，该手册则对"因公费用""因私费用""可列入报销的因私费用""很难界定的因公费用"等一一作出详细解释。

面对这样一家公司，作为聂圣哲先生的同乡，某杂志负责人汪鹏生先生发出如此感慨："作为一家出版社的社长，我也在摸索管理经验。德胜的管理使我思路大开，许多过去不清楚、不明白的地方都因之迎刃而解了。"更有清华大学经济管理学院副教授、中国人民大学经济学博士宋学亮先生发出感慨："我如果年轻二十岁，我会以能到这家公司当清洁工为荣。"

正如我在以前的书上、演讲中经常提到的话："细节源于态度。"德胜公司管理能如此关注细节也是由其企业文化内涵决定的。德胜公司的企业文化核心是：诚实、勤劳、有爱心、不走捷径。德胜的高层深信："制度只能对君子有效，对于小人，任何优良制度的威力都将大打折扣，或者是无效的。"德胜公司呼吁人们做一个合格的员工，应努力使自己变成君子。

同时，德胜公司也首先以君子示人。

- 不实行打卡制。
- 可以随时调休。
- 可以请长假去另外的公司闯荡，最长可达3年，保留工作职位和工龄。
- 对于试用期的职工作出特别提示——您正从一个农民转变为一名产业化工人，但转变的过程是痛苦的。
- 费用报销不必经过领导审批，签上自己的名字即可，涉及证人的需加上证人的签字。
- 公司不能接受员工因办公事而自己垫钱（支付）的事情发生。
- 工人发现劳保用品、劳保设备欠缺或质量太差无法使用，可以拒绝工作，其间仍享受正常的上班待遇。
- 带病工作不仅不受表扬，而且可能受到相应处罚。
- 公司不认同职工冒着生命危险去抢救国家、集体和他人财产的价值观，奉行"生命第一"的原则。
- 公司对包括执行长在内的施工现场工作人员实行强制休息法，强制休息期间享受休息补助，但不允许逛街或娱乐。

在德胜考察过程中，有三种类似于宣誓、申明之类的做法，使我深受启发并进一步理解了文化与制度的关系。

①所有的员工都能够并且必须领取一本《德胜公司员工读本》，此手册的封二有一段话："我将认真阅读这本手册内容，努力使自己成为德胜公司的合格员工，靠近君子，远离小人。"下方要慎重签上自己的姓名。

②公司开工前所有施工人员必须参加时长不短于一小时的会议，会议重申职工守则、施工责任书、施工安全及劳动保护措施和奖惩条例。

③员工财务报销前必须认真聆听财务人员宣读一份《严肃提示——报销前的声明》，任何时候任何人的每一次报销都有这个程序。《声明》内容如下："您现在所报销的凭据必须真实及符合《财务报销规则》，否

则将成为您欺诈、违规甚至违法的证据，必将受到严厉的惩罚并付出相应的代价，这个污点将伴随您一生。"

> 本案例加引号的引文均来自《德胜员工守则》，周志发主编，安徽人民出版社2005年11月第一版。

如果说汪中求是以洋洋18万字写出《细节决定成败》来解读老子的"天下大事，必作于细"的话，那么，聂圣哲及其德胜公司则以20余名管理者带领500余名产业工人（大多从农村的木工转化而成的美式洋楼的建造者）在实践着细节管理，并且已经取得令人炫目的成绩。

如果说德胜洋楼公司的细节管理或多或少与美国文化有关的话（德胜的发起人是有美国留学背景的聂圣哲先生，公司背后还有一家美国泰森公司），下面我们要隆重推出的却是一家十足的"土鳖"公司，它地处并不发达的广西南宁，它的投资人没有接受过西方教育甚至没有去过欧美任何一个国家，它经营的产品是绝大多数人看不上的牛肉米粉。它就是"三品王"———一个目前还默默无闻（至多只在偏僻的广西有一些草根消费者了解），而在不远的将来必定成为一个闪烁的连锁品牌，因为他的细节管理已臻完美。

三品王有三层含义：品汤，品肉，品粉。单单这品汤的汤，就得用心去做。

吃过三品王牛肉粉的人，都会对那碗汤赞不绝口："你们的汤越喝越好喝。""你们的汤好喝而不腻，我经常喝得连肉渣都不剩。""吃你们的粉，要连汤趁热吃才香，如果愿意，再放上点辣椒粉、花椒粉，更是没得说。"的确，门庭若市的各三品王牛肉粉店之所以吸引了众多的食客，很多人是冲着这碗汤而来的。那这汤又是怎样熬制出来的呢？

牛肉粉的制作非常简单，把生牛肉熬汤，再卤牛肉，配配料，即汤＋牛肉＋粉＋配料＝牛肉粉，谁都会做。但要把牛肉粉做出品牌却并非易事，如三品王的老板说他们是在做"一碗米粉的事业"。

首先，选材是关键。黄牛必须在3岁大小，600斤左右，牛肉中不注入一滴水。

其次，用火很讲究。上好的牛肉放入锅中，注入清水，猛火煮开，打去浮层，放入生姜，中火熬制3小时至肉香味溢出，汤水甘甜就起锅，汤水的"浓""淡"是否有滋有味，这一过程是关键。按规定，100斤鲜肉应该煮出400斤汤，如果用100斤肉熬制500斤汤水，此时汤就"淡"。反之，若用100斤的肉，熬制300斤汤水，此时汤就"浓"。

最后，秘方在汤料。经过上述工艺煮出来的汤，由配送中心配送到各分店煮开之后，按严格的定量放入"秘制汤料"兑制而成，汤料神秘的组成，非传统工艺和现代科技所能破解。这也就是为什么三品王牛肉粉能被顾客所接受，且愈吃愈香，不断被模仿却无人能超越的关键所在。

三品王为了保证品质，对每一个环节都严格把关，对每一个产品都有严格的程序。

牛肉粒：必须是 1.2cm×1.2cm×1.2cm 的立方体。用上好的黄牛肉，经过3小时以上的时间卤制而成，外观呈酱油的颜色，不软不硬，有牛肉的香味，口感软、绵，不塞牙。

牛肉片：必须是 2.5cm×5.0cm×0.1cm 的长方片，用黄牛胸肉及腿肉卤制而成，经冷冻后，由专人切片配送至餐厅，外观呈淡黄色，有淡淡的牛肉香。肉片成型，入口即化。

牛肉汤：用黄牛肉煮熬而成，过程是，牛肉＋冷水（用大火）煮开打浮沫，中火熬制3小时而成，加盐，加卤水，呈淡黄色（略有酱油的颜色）。闻起来无味（冷），尝起来有淡鲜甜味（未放汤料前）。加汤料煮开后，有浓香味和鲜味（似乎有微麻的口感）。舌尖有鲜味感。

牛筋：必须是 1.2cm×1.2cm×1.2cm 的立方体，用黄牛的蹄筋经过水煮成型卤制而成，外观呈黄色，黏性强，有淡淡的香味，与粉配在一起，口感好，有韧性。

牛肚：6cm×1.2cm×1cm 大小，用黄牛的大肚卤制而成，外观是酱黄色，干爽、表面不光滑，有特有的香草味。口感软、绵、有韧性。

除了这些，三品王对配料、清洗、火候等其他程序都一样有精细的具体的要求，直观化、数字化。

三品王牛肉汤粉的制作岗位分工很细，有采购岗、烫粉岗、洗菜岗、分菜岗、打汤岗、切菜岗、烫菜岗、加热岗等。要做到产品的精细，必须对岗位有严格的要求。三品王对岗位的设置和要求非常细致，并要求每个岗位都要严格按照岗位规定的程序做事。

比如打汤岗，分成调汤水、拿碗、打汤、发粉等程序。其中拿碗规定左手拿，动作是：（不锈钢碗）大拇指压住碗的边沿，食指、中指分别托住碗的边沿下部，形成三角状。（密胺碗）大拇指压住碗的边沿，食指、中指、无名指一起托住碗底凸出的边沿（注意：手不能碰到碗的内壁）。

再比如切菜岗，要求葱花切约 0.3cm（±＜0.1cm）、香菜切 3cm～3.5cm、蒜米剁成黄豆大小即可。并且对站姿、握刀、切法、保鲜等都有明确的规定。站姿：身体自然站立，与案台距离约一个拳头，头稍向下低。握刀（以切葱花为例）：右手握住刀柄，手指弯曲，食指的第一关节与刀面贴紧，左手五指压住葱的头部。切法：下刀时，刀向前移动，刀与食指同时均匀出力；回刀时，刀提起重复前面的下刀动作，葱花切约 0.3cm（误差在 0.1cm），且需均匀。保鲜：把切好的葱花放入封闭的食品盒，放入冰箱的冷藏室保鲜（注：加盖，防止串味）。

为了保证牛肉粉的品质味道，三品王殚精竭虑，精益求精，从原料到半成品加工，从配送到门店销售，每一个环节都精心设计、层层把关。对于公司的每一位员工来说，品质不仅是品控部、配送中心、营运部的责任，不仅仅是加工班的师傅和店面打粉员的责任，更是每一个人的责任。每一个人都要关注品质，不论是保洁员，还是收银员，不论是财务部还是人力资源部，每一次行动，每一个动作，都围绕着能不能做出一碗好吃的牛肉粉。公司的成员，发挥了无穷无尽的智慧，发明了如："李筱陆蒸肉法""卢宣强标准及比例""杜力保鲜加工法""王振宇抬盆夹""张氏新炉灶""阿秀切葱法""凌云保洁箱""李冬娥煮鸡蛋法""梁叔抬桶钩""廖永林煤火灶"等。

三品王还总结出了"打粉五步法""王氏品质五字经"，公司上下"人人一把号，同吹品质调"，品质成为三品王企业最响亮的主旋律，做的每一件事都必须围绕着"做一碗最好吃的牛肉粉"的主旨，心里时刻牢记着"每一个人都会喜欢三品王的牛肉粉"的目标。

品质的保证源于三品王有严格的规章制度和人性化的管理，三品王公司尊重员工，注重"以人为本"。每月利用"会议"这种沟通方式，把公司的决策、目标、工作要求等，具体地落实到每位员工的岗位上，通过大家的共同努力，逐步实现公司目标。

三品王除了对员工有严格的要求，对管理层也有严格的要求。为了加强与餐厅一线沟通，把握市场，要求各级管理人员到一线餐厅进行沟通。

三品王对各级管理人员下店巡视要求如下。

（1）拜访餐厅次数。

- 营运督导每家餐厅1次。
- 训练督导每20天至少拜访每家餐厅1次。
- 部门经理以上的管理人员每30天至少拜访每家餐厅1次。

- 总经理与财务、行政、保洁负责人每60天至少拜访每家餐厅1次。

（2）拜访要求。

每拜访一家餐厅，需在巡店签名表上请当时餐厅的最高负责人签名、签时间确认，并给予正面的认知。营运部与训练部都需要在留言沟通本上写下所发现的问题或是正面的认知。

（3）追踪反馈。

直接上司在拜访餐厅次数的规定时间内进行抽查，直接查看巡店签名表，每月30日18点前把巡店签名表交到其直接上司处。直接上司阅后签名认可，并返回人力资源部存档。相关人员在规定时间内减少拜访餐厅次数，则在绩效工资中体现，且直接上司的经济处罚额度是当事人的1.5倍。

米粉，这一吃了几百年的传统小吃，今天也堂而皇之地登堂入室；

_{三品王的素材由三品王人力资源经理、《三品王》报主编甘玲女士提供。}

一家小吃店也发展成连锁产业，成为餐饮业中一匹剽悍的黑马。三品王能做到这些，主要是"把简单的事情重复做并做到最好"。

三品王的食品要做到一流的品质，员工要做一流的品位，企业要做一流的品牌，三品王人都说自己任重道远，同时坚强而自信。

企业的细节管理十分重要，它决定企业产品和服务品质的高下，进而决定市场竞争力，同时也是企业获取利润的重要途径，更重要的是培养员工素质的有效措施。非企业组织又何尝不是如此，虽然不一定是市场、利润，但同样决定品质、人才。

在山东目前还相对落后的沂蒙老区沂南县，有一所山东华特（上市公司）为投资主体的卧龙学校，他们的一本印制并不精美的16开

133页的《新生导航》手册，引起了我们研究细节管理的同仁的浓厚兴趣。

手册共分十编，分别如下。

第一编　日常生活指导篇

1. 日常生活指导
2. 要时刻保护和发扬勤俭节约的优良传统
3. 勤俭节约的要求
4. 勤俭节约的名言
5. 勤俭节约事例

第二编　发展方向指导篇

6. 新生活是从选定方向开始的
7. 目标对人生影响的跟踪调查
8. 立志存高远
9. 目标就是力量，奋斗才会成功

第三编　习惯养成指导篇

10. 习惯的养成
11. 什么是习惯

第四编　学习方法指导篇

12. 中学生学习方法指导
13. 语文学习方法指导
14. 数学学习方法指导
15. 英语学习方法指导
16. 高考状元谈综合学科学习方法
17. 学习方法50问答

第五编　课外阅读指导篇

18. 课外阅读的指导策略

19. 阅读理解学习策略

20. 高中语文阅读教学中的自学指导模式

第六编 时间安排指导篇

21. 珍惜时间

22. 合理安排时间

23. 学会合理安排时间

24. 如何提高学习效率

25. 怎样科学地利用时间

26. 如何合理安排复习时间

27. 高考关键时刻要合理安排时间、注意生活细节

28. 高考状元们是怎样合理安排时间、提高学习效率的

第七编 身心健康指导篇

29. 青春期健康指导

30. 小知识：与身体健康有关的因素

31. 心理咨询四问

32. 中学生心理健康的标准

33. 走好中学生活的第一步

34. 凝聚六种力量，规划充盈生活

35. 快乐其实很简单

36. 同学之间如何和谐相处

第八编 兴趣培养指导篇

37. 一个令同学感兴趣的话题

38. 如何培养学习兴趣

39. 怎样提高学习兴趣

40. 兴趣培养四法

41. 兴趣法则

第九编　人际交往指导篇

42. 谈人际交往

第十编　自律自强指导篇

43. 自律，使人养成良好的行为习惯

44. 自省、自律、自强

45. 十八岁成人仪式誓词

46. "自律、自强"名言警句

在手册的第一编第一节"日常生活指导"部分，"注意安全"在首位，其次介绍"服务设施"，再次是"生活健康"，最后是15条"答疑解惑"。这15条是学生迫切需要了解的非常具体的一些内容。

1. 什么是校园一卡通？

2. 如何充值、挂失？

3. 入校后应该办理哪些证件？

4. 证件遗失后怎么补办？

5. 如何就医看病？

6. 学校有哪些运动场地和健身设施？

7. 学生在学校的通讯方式有哪些？

8. 通过什么途径了解校内活动信息？

9. 新生想加入共青团组织（或党组织），该怎么办？

10. 新生如何理财？

11. 贵重物品应如何保管？

12. 新生如何处理人际关系？

13. 如何预防、治疗感冒？

14. 军训期间应该注意哪些事项?

15. 军训期间应该准备哪些药品?

卧龙学校对于习惯的养成,为学生列出了20种不良学习习惯和9种影响个人职业前途的不良习惯。

现代中学生存在的20种不良习惯具体如下。

1. 学习时间不固定,不制定学习生活作息时间表。

2. 课堂上思想开小差,精力不集中。

3. 自习课目标不明确,东翻西看,浪费时间。

4. 不准备工具书,需要查辞典字典时,还嫌麻烦,马马虎虎地应付学习。

5. 爱面子,不懂不会也不问。

6. 学习时沉迷于空想。

7. 快下课时就听不进去了,早早把书包收拾好,心中开始想着课后的娱乐活动。

8. 下课马上放松自己,从来不想想这堂课都学了些什么。

9. 做作业前不看书,做完作业不相信自己,总要找人对对答案才放心。

10. 作业本、作文本、考试卷发到手,看完分数就扔到一边,不认真分析检查。

11. 做作业或复习时,常做一些小动作。

12. 遇到好电视,就忘记做作业。

13. 边做作业,边听音乐。

14. 学习时常说闲话。

15. 学习完把书本胡乱一扔,再学习时现用现找,浪费时间。

16. 平时不复习,考前开夜车。

17. 考得不好却不愿听批评。

18. 喜欢哪科学哪科,偏科。

19. 情绪波动大,因喜怒哀乐的情绪而影响学习。

20. 基础没打好,变得灰心,自暴自弃。

影响个人职业前途的9种不良习惯具体如下。

1. 投机取巧。
2. 马虎轻率。
3. 浅尝辄止。
4. 推脱借口。
5. 嘲弄抱怨。
6. 吹毛求疵。
7. 眼高手低。
8. 斤斤计较。
9. 消极被动。

资料来源于山东华特卧龙学校的《山东华特卧龙学校新生导航》一书,为非正式出版物。

这种做法与某些学校只喊口号是大相径庭的。虽然到目前为止,我们不敢断言这所学校的学生管理、教师队伍建设、学校教学质量就一定都能超出同行,但这种求实态度、务实风格、切实条规是值得很多学校及其他非企业组织学习的。

注重细节管理的企业不止这些,山东枣矿集团为了有效地实施煤矿安全管理,推出了安全生产管理90个关键点,通过对薄弱环节的排查和监控,有效地抓住了安全生产监督管理的重点,增强了安全生产管理的监控能力。这90个关键点包括20个薄弱时期、30种薄弱人物、20个薄弱区段、20项重点隐患。这里列出来,给其他企业,特别是他们的同行以借鉴。

山东枣矿集团安全生产管理的 90 个关键点

"**20 个薄弱时期**"指的是：1. 政策制度改革期；2. 管理机制转型期；3. 领导班子调整期；4. 管理松紧转换期；5. 安全持续稳定时；6. 事故连续发生时；7. 生产工艺改革时；8. 生产任务紧张时；9. 生产条件恶劣时；10. 作业条件好转时；11. 新老人员交替时；12. 年、季、月度变换时；13. 精力不足疲劳时；14. 节假日与农忙时；15. 工作收尾延点时；16. 休假前后返矿时；17. 受表扬后得意时；18. 挨批评后烦恼时；19. 事务缠身烦心时；20. 情绪高涨兴奋时。

"**30 种薄弱人物**"指的是：1. 带病工作危险人；2. 新婚不久幸福人；3. 两头忙的疲劳人；4. 不安分的跳槽人；5. 不顾大局的私心人；6. 挣钱玩命经济人；7. 休息不好迷糊人；8. 游手好闲混世人；9. 技能低下的低能人；10. 贪图安逸享乐人；11. 初来乍到新工人；12. 不懂规程糊涂人；13. 冒冒失失莽撞人；14. 吊儿郎当马虎人；15. 冒险蛮干大胆人；16. 心存侥幸麻痹人；17. 不学无术懒惰人；18. 争强好胜逞能人；19. 受到委屈泄愤人；20. 急于求成草率人；21. 情绪不稳烦心人；22. 猎奇好动年轻人；23. 大喜大悲异常人；24. 手忙脚乱急性人；25. 心余力亏老工人；26. 因循守旧固执人；27. 滥用职权霸道人；28. 变换工作外行人；29. 未培训的无知人；30. 不学习的落伍人。

"**20 个薄弱区段**"指的是：1. 采面端头支护区；2. 采面老塘放顶区；3. 采面超前维护区；4. 落煤后的煤壁区；5. 掘进巷道三（四）叉区；6. 掘进迎头贯通区；7. 应力集中施工区；8. 迎头顶水掘进区；9. 地质构造异常区；10. 零星岗点单人区；11. 斜巷运输扒钩区；12. 机

轨合一行人区；13. 失修巷道冒落区；14. 通风不良盲巷区；15. 无计划停电停风区；16. 炮掘煤岩交接区；17. 地质岩溶陷落区；18. 放炮时的警戒区；19. 煤层自燃发火区；20. 瓦斯气体异常区。

"20项重点隐患"指的是：1. 煤尘积聚；2. 老空积水；3. 瓦斯超限；4. 通讯不畅；5. 空项作业；6. 无措施施工；7. 透老空；8. 老峒气体不明；9. 电气设备失爆；10. 通风系统不合理；11. 火区封闭不严；12. 支护材料不合格；13. 采掘工作面风量不足；14. 越界开采；15. 安全出口不畅通；16. 溜煤眼内积水炭；17. 检测仪器仪表不标准；18. 构造带导水；19. 图纸、资料与实际不符；20. 提升运输设备保护失灵。

资料来源于《安全生产的管理模式》，孙健、王玉海、杨列宁著，企业管理出版社2004年8月第1版。

有句话："老鼠爱钻洞，事故爱钻空。"问题往往在薄弱区出现，事故总在薄弱点突破。因此，发现薄弱点，盯住薄弱点，消除薄弱点，实现有效监控，持续增强监控能力，是保证安全生产的有效路径。

明确、准确、精确必将成为管理者孜孜以求的三级跳。

——汪中求

二、管理是严肃的爱——规则胜于一切

一提到细节该怎么做,人们一定会说企业管理中的细节数不胜数,哪可能都做到位呢,尤其是高层管理人员。

"理性主义者希望企业的运作清晰可见,控制有方,不喜欢管理或领导掺杂着自发的冲动,让人感到模模糊糊。规则、条例和政策是他们的思想指导。关注焦点是细节,不给偶然情况留有什么空间。对客观的、量化的东西感兴趣,经常给人冷漠和没有人情味的感觉。对底线着魔,非常依赖战略计划、量化的目标和集中的控制。亲道理,疏感情;重工作,轻享受。"

> 这段话摘自(美)罗伊·G.威廉姆斯(Roy·G. Williams)、特里·E.迪尔(Terence·E. Deal)的《精确管理与激情领导》一书。

我们说,细节管理靠管理干部(尤其高层管理干部)去一一注意、事事盯住,显然是不现实的。靠什么?只能靠系统、细化且可操作的规则去管理,做到制定规则、推行规则、落实规则。

规则是什么?管理中的规则主要指规范和准则,其中规范是对全员的,准则更多的是对干部,它们的共同之处都是提出该做什么和不该做什么。我常常把规则分成两个部分:一是程序,特指规则中指导下属如何做对的事情,即该做什么、怎么做;二是制度,特指规则中警示下属不该做的事情,包括做错了怎么办。当然,在实践中大多数企业规则中程序和制度是不分开的,常常混在一起,或称之为"制度汇编",或称之为"规章制度",有的大而高之称其"基本法"(有些扩展,主体仍然是规则)。

我和我的团队在为客户(受邀作咨询和顾问的企业)服务过程中,总结出了"规则整合12步"。

① 目录收集;

② 文件管理分析;

③ 工作审计;

④ 规则分类;

⑤ 增删拆并目录整理;

⑥ 提出修订标准;

⑦ 规则修订;

⑧ 佐证式调研;

⑨ 程序/制度分离;

⑩ 规则索引;

⑪《工作指引》成册;

⑫ 规则重要等级分类。

经过在七家企业的实践,我觉得对企业管理的提高很有帮助。由于"规则整合12步"还在完善之中,本书暂不作详细介绍。这里,我想向企业高管人员介绍一些相对通用的、经我们在管理实践中验证过的一些管理规则,再谈谈我们对规则的一些引申意义的看法,尽可能更务实、更具体地谈。

1. 餐费管理

中国人非常讲究吃饭,一见面总先问:"吃饭了没有?"早晨问、中午问、晚上也问,有时下午四点问,都不知问的是中餐还是晚

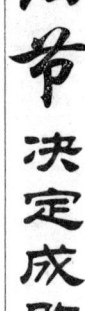

餐。而且，各单位、各企业接待总是先考虑吃，招待费开支中吃的比重当然最大。

下面，我谈谈我当总经理时的餐费管理。

第一步，行政部选点。

在我们设有分支机构的城市，选几家酒店（餐馆）作为合作单位，接待与我们有往来的单位的来客用餐，一般省会城市选4~5家，地级市选3~4家，县级市或县选2~3家。但做选点工作的人员不得在该酒店用餐，并且不许抽酒店的烟，更不可接受酒店的各类招待。

第二步，业务部门签单。

有些企业干部很喜欢签单，觉得是权力、是面子、是荣耀；我公司的干部却不乐意签单，因为它意味着责任，对规则负责任。第一，实施定点了，所有定点外的酒店和餐馆的签单都无效，没有谁会为你结账，其他任何餐饮发票公司均不予受理，找谁也没用；第二，有标准，政府官员接待100元/人次（正餐），企业接待80元/人次，企业内部员工（特别庆祝或因公误餐，部门经理可以安排就餐）30元/人次。超过标准的由签单人当场以现金补齐。我突破了标准，也都自己补差；第三，签单时须开出正式发票，并在发票背面写出接待人员及人数、来客人员及人数、招待理由、用餐标准、用餐时间等五项；第四，出面接待的内部人员用餐人数绝不允许超过来客人数；第五，如出现虚报人数，一经查出当事人就从公司除名，酒店未按协议尽监督之责即取消合作，且此前挂账部分不予结算。

第三步，财务部结算。

无论总部还是各分支机构，均三个月与酒店结一次账，分支机构也要按季度做财务检查和单项审计。财务人员不允许在此酒店用餐，亦不允许接受指定酒店的各类招待。

我做了六年总经理，从第二年起五年时间都是这样操作，形成了规矩，也就从来没有人突破，包括我自己。当然，实际工作中会有餐费标准不够的情形，那就由签单人自付。如果互相推让则由职务高者签单，平行职务则由营销系统干部优先签单（当然优先签单实为个人优先代公司承担超标准的费用）。作为公司高管，偶尔倒贴一点钱也没有什么可大惊小怪的，自己公款用餐若干次也从来没缴过伙食费呀。我们招待人总要扯一些个人关系，动辄"朋友""哥们儿"，既然如此，个人出一瓶酒钱，个人出钱加一个菜，也就不足为奇了。

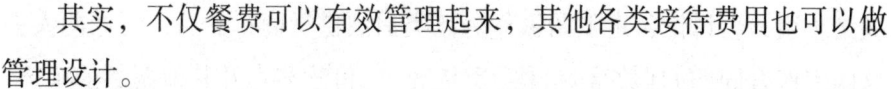

其实，不仅餐费可以有效管理起来，其他各类接待费用也可以做管理设计。

2001年，我在一家电力设备公司做咨询服务，就为他们设计了各种接待的标准流程、可选择的接待方案、不同方案的执行标准等，把电力系统的来人分成五种类别（包括局长的家属来旅游、总工程师介绍的朋友等），每一类别设计三套方案，每一方案包括吃、住、行、游、玩、乐的全部内容，每一子项目的费用标准都一一作出规定，甚至连什么样的来客谁上机场接、谁在办公大楼前迎接、谁陪着用餐、晚上怎样的活动派谁陪，也都形成规定。这样，接待不忙乱，开支不浪费，精力不空耗。

2. 采购监督

政府采购我不太了解，在企业采购中采购人员吃回扣已经不是个别现象了。我们对六家超市集团做过调研，采购人员吃回扣的平均比例是采购总数的4%，即常说的"四个点回扣"。

我和我咨询公司的三位同仁在一家超市集团公司做过以下尝试，最终目的是消除采购中的回扣现象。当然，采取措施的前提是让有关人员

理解加强监督是对干部的培养和保护，靠回扣发迹的干部最终不会有管理能力，也不会真正有出息；同时，我们在整个公司消除给采购人员有意定低薪、不评优、低奖金的偏见，因为在分配上对采购人员实行歧视政策实际上是对回扣的默认。在与超市高管的多次研究后，我们确定了下面几条企业采购规则。

第一，选点与下单分开。

比如，采购白酒。先让采购部两人去对某一种类白酒的八家企业做调研，列出各企业的产品、价格、交货、付款四个元素的优劣势，采购决策小组开会讨论，定下两家作为该类白酒供货商；然后，另派两人去这两家谈合同，包括数量、价格、交货频次、付款节奏及其他条款的确定。采点的不定点，定点的不出面签约。当然签约的人也不负责验收和付款。这样采购决策分成了几个子模块分开操作，使权力不至于过度集中。

第二，大宗采购每一子模块的操作都为两个人同时进行。

采购活动"一人不谈判"，如同财务"一个人不成账"。两人同时进行，当然有主次，助手在于培养，也在于监督。这样费用增加了，但舞弊的隐患少了。助手一般2～3个月换一次，或交叉派助手。犯罪心理学分析，一个人犯罪，担心的不是案发后的惩罚力度多大，而是担心被发现的可能性有多大。一个采购骨干两年下来前后跟5～6个人合作过，不可能每个助手都串通，否则暴露的机会就太大了。

当然，有人很聪明地躲避监督，私下同供方谈好，然后带上助手装模作样地去当面例行公事，"机关算尽太聪明"。

第三，所有采购部门工作人员不得与供方有任何私人交往，这是铁的纪律，一经发现或查出即施以处罚直至开除。

我们能容忍员工业务水平不足或工作出现错误，但不能容忍员工钻规则的空子去有意犯规。对犯规者不管有没有造成损失或后果，定然不饶。就如足球场上抬脚过高都要受惩罚，而不必等你踢伤对手再罚。

第四，采购人员与供方的谈判、电话均须录音，连同所有商洽函一起存档。公司对此是否监听，那由公司高层决定，录音存档是你的职责所在。

第五，采购人员不许接受供方招待（工作餐除外），不许接受供方的一切馈赠（连挂历也不可以），一经发现，不仅当即将采购人员除名，而且同供方的合作也立即中止。

好好做生意，挣利润可以理解，但以不正当方式获利，无论供需双方任何人，均为不合规则之列。堂堂正正做人，规规矩矩做事。即使供方把礼物送到了供应部门，也需上缴公司，公司重新把礼物分到供应部门，则属于正常行为。起初，执行中也有人嘀咕"那么严，水至清则无鱼"，包括一些非供应部门的干部都有类似的议论，但我们坚决认为必须防微杜渐。今天松一寸，明天让一丈；今天一条缝飞过一只苍蝇，明天就可能钻进一只老虎。

2005年，我在山西平遥考察日升昌（清朝末年中国最大的票号，经营了108年）的管理时发现：日升昌每四年分红一次，伙计也参加分红。日升昌的伙计每四个人为一个组，一组中有一个人舞弊被查实，其他三个人都将取消此次分红资格，自然伙计就会互相监督。但日升昌从来不薄待伙计，伙计的收入相对比其他商号要高出很多。当地流传一句话："有女不嫁种地的，不嫁当官的，专嫁票号当差的。"甚至说："家有万贯财，不如票号当个差。"可见日升昌并不会舍不得给伙计高待遇，但监督一定不放松，坚决杜绝暗收入。

3. 考核分解

管理的细化、规则的细化，也要贯穿到考核中去。学管理开头就学PDCA，即计划（Plan）、执行（Do）、检查（Check）、处理（Act），检查与处理往往融入考核中。但是，有些单位考核太粗放，考个"德、勤、绩、能"啦，考个"产量、销量、利润"啦；考核方式也过于简单，一个上司、两个同事打出3～5个分值，一统计就算完了。最后，往往既拉不开差距，也对被考核人没什么促进作用。考核是管理的导向，你希望员工在哪些方面努力、应做到什么，就在这些点上支起你的考核体系。

早年我为香港企业打工时，董事会考核我就考得很到位。产品质量考核除了考核不良品率，还要考核客户和经销商的投诉率，因为老板深知在内部发现的质量问题损失为1，出了门的损失为10，到了退货损失就是100。物流的考核措施更多：成品、半成品、原材料的库存量，采购、加工、销售的周期，每个季度考核一次。关于员工的凝聚力，要考核员工流动比，在年底还要做员工满意度的调查（董事长主持，每人一份调查表，共40多道选择题）。

作为总经理，我得到了很大的授权，总部配给的下属如果不合适可以换。但一个岗位一年度换了两次以上，就是老总用人的眼光有问题。七个中层干部一年下来就换了三个，也是老总不会用人，这都在考核范围。甚至每周例会的纪要（每一份纪要有若干条），落实了多少条，也纳入考核。以此来衡量我的计划性、执行力、预测能力、组织能力等管理能力。

考核不是几个财务指标可以概括的，许多管理问题在财务报表上反映不出来，而且财务对深层问题和长远利益的反映也不能体现。

政府的绩效考核现在也都已细化了。人事部2004年8月公布的各级地方政府官员的考核，分职能指标、影响指标、潜力指标三大指标。职能指标包括经济调节、市场管理、社会管理、公共服务、固有资产管理五个方面；影响指标包括经济、社会、人口与环境三个方面；潜力指标包括人力资源、廉洁、行政效率三个方面。

既然是指标当然还要做分解，如："经济"分解为人均GDP、劳动生产率、外来投资占GDP比率等；"社会"分解为人均预期寿命、恩格尔系数、平均受教育程度等；"社会管理"分解为贫困人口占总人口比例、刑事案件发案率、生产和交通事故死亡率等；"行政效率"分解为行政经费占财政支出比率、行政人员占总人口比率及信息管理水平等。考核最后落实到11个方面

> 恩格尔系数是表示生活水平高低的一个指标。19世纪德国统计学家恩格尔根据统计资料，对消费结构的变化得出一个规律。一个家庭收入越少，用于购买食物的支出在家庭收入中所占的比重就越大。对一个国家而言，一个国家越穷，每个国民的平均支出中，用来购买食物的费用所占比例就越大，随着国家的富裕，这个比例就会下降。改革开放以来，我国城镇和农村家庭恩格尔系数已由1978年的57.5%和66.7%分别下降到2005年的36.7%和45.5%。

的33个具体指标上。北京市政府还把控制大气污染纳入了考核范围，市区空气质量二级和好于二级的天数必须达到62%以上。四川省则引入了绿色GDP制。这就是"求真务实"。

4. 票据粘贴也需要立规则

在各地巡回讲座或去企业做顾问辅导，常常有管理干部问："管理似乎越细越好，但总要有个度嘛！细到难以操作不仅执行成本高，最终也没有意义啊！"是的，我的第一本书《营销人的自我营销》中就提道："人生最难掌握的规则是度。"企业规则制订的度如何把握？规则细

化要细到什么程度？的确是须明确的。

一般来说，管理规则应该力求细化。因为只有细化规则，员工才好执行，团队才便于操作。但这里的细化依企业当前管理现状而论，既非管理好的企业才细化，也非颇有年头的企业才细化，而是在旧有规则的基础上逐渐细化，先完成最常用的规则。小企业或新企业先把几个主要的管理规则拿出来，细化到每个人不必培训就懂得如何操作就好。我的观点是：管理，先把员工当"傻瓜"。当然，不是真说员工傻，聪明着呢；但制订规则时就要假定所有人都不聪明，规则做得不细、不透，员工就可能做不好。

我做老总时，财务制度有，报账制度当然也有，连报账票据粘贴同样也有规定。比如费用报销，一是把全部票据分出交通、办公、接待、其他四类，二是交通费需按飞机、轮船、火车、长途汽车、短途汽车、出租车的顺序粘贴，三是同一交通工具票据按时间先后粘贴，四是同一时间的票据按面额大小顺序粘贴。我们不仅画出了一个粘贴票据的图表，而且把老员工按规定粘贴好的已报账票据单复印出来，放到文件里面做样式，使员工没理由说不明白。

5. 减少规则中"特殊情况下总经理特批"的提法

对于规则的认识，东西方的差距实在太大了。我曾写过一篇文章《中国人的聪明才智到底出了什么问题》，认为国人的规则意识存在不足，多讲谋略、讲机巧，少讲规则、讲科学、讲法制，最后我把它概括成八个字："分析规则，任意篡改。"

在企业管理中，我们的员工没有经历过工业时期的职业化训练过程，对规则的认同就不够，但我们管理者又恰恰要留出若干从规则中钻进钻出的缝隙，"特殊情况下，总经理特批"就是典型现象。

"特殊情况"指什么？往往没有界定，自以为聪明的员工常常去寻找理由去适应"特殊情况"的范围，总经理也很难作出理性、科学的判断，也就"特批"起来。那些钻空子的员工往往就以为得计，这样就加剧了员工苦心寻找"特殊情况"的风气。天长日久，很多已经存在的规则就被破坏，规则就在总经理"特批"的掩护下被踢飞了。待到"当初差之毫厘，而今谬以千里"之日，收拾"旧山河"已十分困难。于是三令五申重新制订规则，咬牙切齿要求"坚决执行"，殊不知企业靠规则管理的文化已被破坏，积重难返。

在科学管理的企业里，极少有"特殊情况"的说法，即使有也会注明哪些特殊情况，按"当……就……"的方式处理非常规的问题。当然，有没料到的事情出现时，成熟的企业往往把它纳入"危机管理"之中。

话说回来，有的企业老总过于热衷于"总经理特批"是为了集中权力、培养权威，以个人意志代替管理规则。这样企业风险变大，管理复制和传承困难，发展也受到很大影响。

6. 企业能力不能超过总经理个人能力的上限是可怕的

总经理的权力大是自然的，但太多的事情都由总经理来决定、承担是不正常的。在今天团队为上的时代，如果个人权威依然大于规则的力量，是多么可怕啊！只有伟大的团队，没有英雄的个人。因此，有的企业某一个人过于突出、特别关键就不太正常，包括目前仍然活得很好、不断扩张的企业，潜在的风险太大了。

"抓住大事，放开小事，允许错事，防止坏事"是我在《营销人的自我营销》中提出的观点。企业大了，总经理无法大小事一把抓，即使下属做事信不过也得放手让他去试、去练，甚至让他不断交学费，只要不出现重大的品德问题就没有什么不可以放手的。当然，监督措施一定要

跟上，而监督要靠规则和程序来实行。没有规则，只靠一双眼睛，哪怕再加一副高度的眼镜也无济于事。

在给沈阳市政府领导讲课时，我给他们建议：高层管理者要多做选择题，少做问答题，不做论述题。这一建议对企业高层同样适用，也就是多让下属提交方案、提交设计稿，你作出判断，打钩打叉就行。决策是在两个以上方案中做选择，少亲自去做方案和设计，更不要长篇大论，从头到尾喋喋不休，要给下属以思考的空间、发挥的余地、承担的意识。

也许，有人会反驳，这与你的细节观念是否冲突啊？不，细节的到位靠规则去保证，靠程序与制度保证，而不是靠老总个人的聪明和努力。

在给企业总经理的培训课上，我曾总结过几句话送给老总们："发现点的问题，寻求面的解决；问题出在岗位，答案藏在流程；员工违反流程，岗位培训缺位；反复训练无效，企业文化之过。"意思是总经理对企业存在的管理问题应做系统思考，不要头疼医头，脚痛医脚、东抓一把、西抓一把、按下葫芦起了瓢。

老总发现一处问题，不必马上去管去纠（当然，厂房着火是例外），而应该考虑这是否为普遍现象。大多数岗位出现的问题，往往是管理流程不明确、不完整、不细化。流程没问题，多是员工培训不到位。日本企业新员工入社教育每年人均费用是400万日元（2005年的数据）；英国一个中层干部的培训往往前后历时20年，平均一人75万英镑的投入；2003年美国企业用于员工培训的花费为300亿美元，占员工工资的5%，全美已有1200多家跨国公司开办了自己的管理学院。如认为自己企业培训是到位的，但员工还是屡屡违反流程，就应该归结于员工的凝聚力了，最终是企业文化的问题。总之，高层应通过制定和推行规则来规范企业的管理，日常管理也就是解决类型性的问题。

7. 偶尔为之，做透一事，解剖麻雀，形成风格

企业老总当然也可以偶尔把一件事从头做到尾，用意在于解剖麻雀，深入了解全过程，更准确地总结出特点、制定出规则来。也通过抓透一件事形成一种令出必行、行之必果的管理风格，不给下属以浮在面上的印象。需要强调的是偶尔为之，过多地搞下去就会破坏公司授权的规则，挫伤下属的工作热情。

我曾亲自抓过员工迟到。员工迟到非大事，偶有出现，用不着大惊小怪。偶尔遇见一个迟到进厂的员工，他低着头斜着身子溜过去，我从不去责备，也不会呵斥他站住。一个人一辈子从不迟到一次怕是十分困难的事，所以用不着管它。但有两种迟到的情况总经理要亲自管：一是重要成员多次迟到，以至于你觉得他有点精神恍惚、心不在焉。比如总工、财务总监、营销副总、采购经理等，你得亲自去了解他个人或家庭出了什么问题没有，或工作有无重大失误，还是有离职之意；二是整个公司员工迟到成为流行病，连续3～5天迟到率都不低于3%，那就是大问题，说明人心涣散。

我那次遇上的就是第二种情况，太多人迟到，干部几乎每个人一周就有数次迟到。那是我赴任总经理前对企业暗访时知道的情况，于是，我通过以下步骤来治理公司普遍存在的员工"迟到病"。

第一步，首次开干部会，我说了八分钟的话："从今天起，我是本公司的总经理，各位的工作该怎么做不要问我，我不懂，但我有追究各位工作失误的权力。企业员工总迟到是不正常的，目前我只抓这一件事。普通员工迟到我不管，我只管在座的各位，包括我一共八位。大家都不愿早早上班，说实话，我也不想。可以由八点上班改为十点上班，不会迟到了吧（有人插话说好），但晚上八点下班（有人插话说太晚了），

我还没权力把每天八小时工作制改为六小时,我们的效率也还达不到。从明天起,我只做一件事,管八个人的迟到问题。"

第二步,每天七点三十分我站在厂门口迎接员工上班。如另外七位干部中有八点后到的,我会与之对表,看看是不是他的表出了问题。没必要说人家不对,傻瓜都懂得迟到不对。

第三步,罚款?不,不罚款。每天下班前在厂门口的墙上贴一张公告,把八位干部上班时间列出来,迟到的用红色字。可能他不在乎钱,但他绝不会不要脸。

第四步,一周下来,按迟到次数的多少列一个单子,再次公布。迟到次数多的写在最上头,字号特别大,有一台手提电脑屏幕那么大。迟到次数少的字逐渐小一些。我让他的下属去看,只要他不在乎,我也无所谓。

我打算陪着大家玩一个月,每天早晨花半个小时监督,傍晚花半个小时贴榜。果然第九天起就再没有干部迟到了,员工自然也不敢迟到。

总经理做一件事,要做就做透,我的话叫"布置不等于完成",做透了就会在企业形成一种风气。

8. 人性化管理的点点滴滴

每次讲座或演讲结束,学员总要问:"你强调管理要严,严肃、严格、严酷,那如何实现人性化管理?"问得太好了。我说,在很多员工都是彼得·德鲁克所说的"知识工作者(Knowledge worker)"的今天,人们的工作具有更强的知识性、专业性,劳动形式往往包括阅读、思考、讨论、研究,员工的知识资本累积在自己的头脑里,因而就要求得到尊重和自我实现,人性化管理当然就越来越必要。然而,人性化管理不是放任、放纵、放肆,只有严格要求,培养出高尚的职业素质,员工才有核心竞争力,这才是对员工真正的负责,才是当前中国企业最大的人性化。就像家长对子女，在小孩13岁前后，特别容易走错路，抓紧一些，要求严一些是必要的，随波逐流、听之任之反而害了子女、废了孩子。

人性化问题是个大题目，留给专家去谈，我在这里只说说我的一些做法，可能太鸡毛蒜皮，但我一直以为这些是人性化的一种实际操作方法，供各位读者评判。

第一，用"谢谢"和"对不起"开头。我每次同员工谈话，员工做对了、做好了，就说"谢谢"；员工做错了、做砸了，也先说"对不起"。"对不起，小王，你做错了，是我没交代清楚吧？""对不起，张小姐，这事不对，是流程不清楚吗？""对不起，老李，你又错了，可能是我们对你的岗位定得不对。"

第二，写封短信，赞扬下属，送到他的妻子或父母手中。我一向奉行"当面批评，背后表扬"，当面批评当然不能有第三方，背后表扬也无奉承或应承之嫌。

第三，员工生日送一本他可能喜欢的书。送书时题写一句我认为有意义的话，并有一定的针对性，千篇一律"生日快乐"等于什么也没有说。

第四，偶尔借车给下属用一次或一天。比如周末他的女朋友来了，比如他去火车站接前来探亲的父母。

第五，请普通员工吃饭。请吃饭只请没有任何职务的，吃什么不重要。不谈工作，只谈家常，以免成了克格勃式的调查。

第六，送给下属两张电影票，尤其是正在恋爱中的员工。

第七，给分居重逢的夫妻安排一次情侣套餐，埋好单通知他们去，

> 克格勃即苏联国家安全委员会，是1954年3月13日至1991年11月6日期间苏联的情报机构。英国情报机关称克格勃为"世界上最大的搜集情报的间谍机构"。

自己不用跟着当"灯泡"。

第八,让某人参加他女儿的一次市区演出活动,不记事假。

第九,每年9月1日放一天假,带孩子上学。

第十,把老员工甲的名言认真书写在一张精美的卡片上,郑重送给新来的青年员工乙。

类似的设计和安排还做过一些,我不认为这些是虚伪之举,至于是否与人性化相关,则任由各位去评说。用心以善,治理从严;策划要活,管理要死;管理格式化,团队职业化。

我想再说说开会的一些细节。

开会往往是高层管理者的一种主要工作形式,不可不研,研就是磨碎;不可不究,究就是深入。第一,我很少主持会议,如果轮到我主持,那一定不是讨论什么,而是公布、通报、宣扬什么;第二,尽可能靠后发言,其他时间大多为引导别人放开说;第三,提出观点多以建议、商讨的口气,多数人认同了,进入纪要才改为坚定的语气;第四,发言多以"第二附和者"的形式出现,如"我同意老谢提出的'票据不符合规范予以撕毁处理'的意见"。

开会大多是议事,如果老总一上来就"亮剑"了,别的人只有去附和你,如果被指责就只会挖空心思找理由分辩,议事就很难议下去。美国人亨利·马丁·罗伯特写过一本《议事规则》,说的就是怎么开会,很值得我们去看。

我对人性化的理解是:在尊重人的前提下,以提高员工个人竞争力、培养其生存能力为主要内容,以职责范围内的发挥其主观能动性为

> 美国工程兵团的亨利·马丁·罗伯特将军(1837—1923年)在总结英国议会、美国国会、市政委员会及民间社团的经验的基础上,写成《议事规则》一书,于1876年出版。

主要形式，最终达到团队协调、配合默契、步伐整齐，整个企业蓬勃向上的目的。

团队的多数认同并正在执行的规则不容随意更改。所谓正规化就是一个组织依靠规则（尤其是程序）指导员工行为的程度。因此对少数人违规的容忍是对多数遵守规则者的打击，这从根本上说是非人性化的。早年严复翻译《自由论》时还没有"自由"一词，于是译为"群己权界论"，认为自由就是群体和个人的权力界限。在企业中，华为的任正非强调对待规则需要"僵化、优化、固化"，这很值得我们参考，所以张扬个性应在职责和岗位标准范围内。

管理者要努力使整体大于各部分之和，还要使今天与明天相适应、相平衡。

——汪中求

三、布置不等于完成
——承上启下重在中层

中层管理干部在此用来特指企业部门经理，可简称为"中层"。我一向认为，企业的董事长不一定是专家，总经理也不可能在产、供、销、人、财、物多方面专业，而中层在自己所从事的领域应该专业，时日稍长理应成为专家。下情上达，中层应从专业角度进行提炼分析，引导正确决策；上情下达，中层应从专家角度予以分解细化，指导员工执行。所以，中层对细节应有更充分的认识，对细节管理必须起示范带动作用。如何示范？本书结合我多年的职业经历以及在40余家企业的推广实践，提出8条建议。

1. 对上司劝谏委婉，执行坚决

中层对下管着一批人，但头上仍有上司。上司也是会犯错误的，有些工作思路也不尽正确，作为下属有权劝谏。但是，劝谏是有学问、有策略、有细节要求的。

第一，劝不过三。三次劝阻无效就只能执行，即使有错，作为决策者的上司应负责，如有条件做书面记录更好。

第二，劝不是顶。态度硬朗但语气委婉，最好以"我以为……是否更好"的句式，最后可以加重语气用"您的坚持可能有您的理由，我会执行；但请再斟酌，或许有更好的方法"等语句。千万不要用"你怎么这样""绝对是个错误""一定是我说的正确"之类的句式。沟通是为了解决问题、协调工作，而不是争输赢、斗口角。

第三，记住不要在背后嘀咕、议论。你有很大的权力，但没有在第三方面前批评上司的权力。嗓门大并不等于有说服力。

第四，重要建议或特别提示需做一点策划。有一年我劝我当时的老板把工厂卖了，关系重大，于是做了一次策划。我把老板请上我的车，声称请客，于是开车出厂一直北行，从中山市一直开到东莞虎门大桥上才停下："老板，请您下车，我想跟您说三句话，一是……二是……三是……就这么三句话，这就是我今天的'请客'。现在我们上车回去找个地方吃饭。"数年以后，老板一直记得那次的谈话内容。

2. 对下属工作有威，交往有度

对下属在工作方面是不可"哼哼哈哈"的，工作就是工作。我曾认识一位国企的书记，做人十分谦和，很得下属爱戴，但转任厂长之后，却缺乏指挥能力。那时我才27岁，厂长每次都是远远地喊我"老汪啊"。他布置给下属的工作，常常被当作玩笑而根本不去执行。

工作起来，我常常被人评价为"难缠的人"，但我不在意它的褒贬。我要员工下午五点前交文案，四点半就会电话去催，五点没交来就会告诉他我等着，六点下班了我再次打电话声称我继续等，大有不按时完成任务就不吃不喝之势。

我在清华同方做销售中心的中层时，要求下属做工作日志，每月外勤人员回公司集中汇报工作、参加培训时，就把日志交到我办公桌上，不交的就不给报账。一百多人的日志，我不可能全部审看，但我会抽查一部分。有人以为上月抽他下月可免，我偏再次抽他，并在学习会议上做点评。有一位调皮的小伙子被我连续抽查了四次，点评了

三次,后来他再也不敢应付了。全员都知道汪中求做事的态度了,糊弄是行不通的。

与直接下属的交往也应适可而止,应奉行"远者近之,近者远之"的交友原则,不与直接下属太近乎。我不赞成公司关系个人化,即使打算刻意培养的接班人,也不能因此而交往更密,更不向他许诺有机会提升他。同事一起游戏、娱乐当然可以,但从无固定的玩伴或娱乐圈,虽然也去过娱乐场所,但极少带着直接下属同往(除非集体活动)。总之,因为工作需要,不想让人觉得我和谁特别亲近。也许,这样不一定对,但我因为没有更好的处理办法,于是就这样简单化。当然,更不可以在同事中交女朋友,办公室恋情后患极大。

3. 承上启下,细化规则,专业把握

中层承上启下,就应该去补充、去分解、去完善、去细化。我们的企业中层也是一样。

比如,总经理关注成本,财务部除了例行做出财务成本分析外,还应把主要品种、新开发产品、处于盈亏临界点的产品的成本,做出更详细的分析。采购部门也可以把价格波动较大的原材料、使用量最大的配件、各方面反映进价过高的品种,做出更详细的对比。销售部门也可以对同业价格竞争做出报告或画出曲线图供老总参考,甚至人力资源部也可把人才结构与工资结构、奖金幅度与同行进行比较分析。

又比如,公司做出了销售计划,营销部门应把计划分解下去,一表变五表,即各主要品种销售计划表、各区域销售计划表、各业务小组销售计划表、不同利润产品销售结构一览表、月度进度表。

再比如,公司原有招聘流程是有效的管理文件,人力资源部第一年

可往下细化建立起《面试流程》，第二年可再细化提出《面试场地布置选择方案》《关键岗位招聘面试题库》等。一点一点积累，三年五年下来，公司管理就会更完善。

在自己的领域，中层理应比高层更专业。

4. 听话和说话并非没有技巧

中层与下属谈话，尽可能采取前倾式，身子适度前倾以示坦诚、专注，频频配之以点头首肯，会使下属更愿意倾吐，说出比原来打算说的更多内容。当对下属产生了负面情绪，可以表示失望，但不要表示生气。尽可能到下属的办公室或工位上去同他谈话，一般不要电话把下属叫到自己的办公室"听令"。

给下属布置事情，如果第一次交代最好能给他一个步骤。比如洗茶杯，告诉他把茶杯拿去洗，把茶水倒入水池，再把茶叶倒进垃圾桶，再洗净水杯，再用布擦干，再把水杯倒扣在茶几上，再洗净抹布晾起。有些事交代时说不清步骤，就应强调要点或关键点。比如办培训班，交代重点要注意讲义、幻灯和音响的准备和调试。如果批评下属，最好采用"三明治式"，即两端大赞美夹着一个小批评。因为抵制批评是人的本能。

同上司说话，也要注意五个要点：一是，一件事能用三分钟说清楚，就不要啰唆；二是，尽可能用数据说话；三是，用专有名词；四是，分条陈述，用一二三四说话；五是，用三段论的方式说话，先说结论或结果，再说原因或过程，复杂的事情或观点在最后作提示、强调或说明。当听上司说话时，最好别忘了带上笔和工作笔记本，因为一般人很难记住七件以上不同的事情。

与同事讨论问题时，辅之写字板对表达有很好的帮助。板书要点、

数据建表、以图解意,非常有利于交流。脑图、鱼刺图、立面图等都很有价值,让更多文字不易说透的事立马明朗起来。最后切记:采纳其他同事的好主意时,千万别说成是自己的主意。

5. 介绍"鱼缸管理"

把迟到者名单上墙,迟到次数多的以更大字号置于顶端,这一抓迟到的做法就是"鱼缸管理"。"鱼缸管理"的意思是把一些事情完全敞开,让更多人知道,像把金鱼放在鱼缸里一样。

有一家公司销售部门的报销制度就很特别——实报实销。报销单与每位业务人员的"费用业绩比"都要上墙,每周排一次,每月综合排名,让大家去评去议。业绩不佳者就得更加节约费用,费用较高的就必须有更高的业绩支撑。于是,业务人员学会了不见客户可以住招待所,与重要客户见面住星级酒店的套间也是必要的。一个晚上坐火车可到的就在火车上睡一晚,必须坐飞机的地方尽可能早计划,提前买打折票,能省钱就省钱。这样公司好像放弃了费用标准,但员工自己心里有一把尺,因为所有的费用、业绩数据都摆在墙上。谁想做矮子,谁愿意让人看不起呢?

6. 分类是管理工作中的通用技术

人之所谓聪明,常常是就思维能力而言,当然还有记忆力、反应敏捷程度等,思维能力我觉得最要紧的是分析、综合、推理三方面。管理工作中的分类既需要分析,也需要综合,而且在很多方面都可以用到。

比如,工作可以按四个象限分类:重要且紧急的、不重要但紧急的、重要而不紧急的、不重要也不紧急的。

文件也可以分成四类：必须审阅并须回复的、必须审阅但不一定回复的、可阅可不阅的、根本用不着过目的（下边随意投送的）。

客户也可以分成四类：意向客户、准客户、在线客户、忠诚客户。不同的客户有不同的判断标准，有不同的服务要求，业务人员对不同客户跟进以达成其晋级，也有不同的记分，因而影响其收入。

再如业务人员的客户移交也分四种形式：意向客户电话移交，准客户当面移交，在线客户由经理监督移交，忠诚客户公司会策划一个活动促成其完整且郑重地移交。

7. 访问客户更需进退有度

我做销售部经理时，就为自己立下了许多拜访客户的规矩。

提前三个工作日发出"访问日程表"。

拜访经销商应亲自去两家店铺、访谈三个导购人员、抽检四份出货单、验看五份用户反馈表。

不接受客户的招待（工作餐除外）。

不参加客户安排的歌舞、棋牌之类的娱乐活动（有上司同往且上司首肯除外）。

专卖店货架上货品摆放不妥当，给予整理，货品有灰尘必须擦拭干净。

凡我公司的宣传材料，无论在会客室、谈判桌、资料架，如被放乱须整理之。

店内布置不符合公司VI设计规范，应及时地予以指出，并力图使之及时纠正。

VI 是 Visual Identity 的缩写，译为：企业的视觉形象识别系统。

8. 每年选一个课题，写一篇论文

企业干部写论文当然不可能是制度，但我做总经理时会要求中层干部每年写一篇论文。我进入中层的第二年意识到这样做很有必要，于是就坚持了下来。写论文，不一定要发表，但每年选一个课题，从年头思考到年尾，不断搜集相关资料、整理案例、借鉴一些别人在这一问题上的见解。365天下来，一个小问题自然就思考得比较明白，比别人透彻了。如果10年下来，每年聚焦一个问题，10年之功的积累，你想不专业都不可能。

在《细节决定成败》一书的"作者介绍"部分，有一段小标题为"功课积累文章"的文字："从做推销员之日起，十余年来，坚持不断地做日记、计划、总结和专题研究，功课不辍，积累和发表了57万字的市场营销与经济管理方面的著作和专题文章。"这是我的一种学习习惯，也是一种工作习惯。

近三年，尽管平均每月讲学七场（大多一场为一整天七个小时），身兼四家企业的顾问，自己还有一点小投资在两家公司，但还是精读了29本书，写了4本书，发表了18篇文章。虽然精品极少，甚至还有次品，但心得在积累。坚持做功课，写专题文章，做专题研究，天长日久，其功大矣。

不少人都有这样的体会：很多事在内心深处回味一遍或梳理一下，会觉得掌握了很多，不仅思路清楚，而且认识深刻，不免一时沾沾自喜起来。但是，当你打开电脑或铺开稿纸，把一个问题按逻辑要求展开来，做成一篇论文的提纲，列出三级目录来，顿时就傻眼了——我们懂得太少，我们的认识太浅。

就在此书已近完稿之时，我的太太无意中看到了这一节的内容，也觉得这节与细节没有关系；于是，我给了她一份以她目前的岗位讨论

"促销"的论文提纲,她认真将提纲看过一遍后说:"没做透细节功夫,这篇论文还真的写不了;如果这篇论文写完整了,即使无真知灼见,也会对促销有很深刻的认识。"功底体现在细节上。在此,附上提纲《科学的促销,促销的科学》,以为正在中层管理岗位上的读者借鉴。

《科学的促销 促销的科学》

1. 促销是营销学中的重要元素之一
   1.1 科特勒的4P理论仍然是营销经典
   1.2 促销包括人员推广、广告、公共关系和卖场活动
   1.3 日常所谓的促销多指卖场活动
2. 促销需置于营销各要素之间通盘考虑
   2.1 广义的促销需要充分考虑产品、价格、渠道等
   2.2 狭义的促销(卖场活动)也需要与推销、广告、公关相配套
   2.3 促销需要策划,也需要培训,还需要管理
3. 电信公司促销之成败分析
   3.1 常用的促销方式
   3.2 促销带来的正面效益
   3.3 促销的遗憾和副作用
   3.4 促销不足的原因
4. 系统的促销
   4.1 促销的手段
      4.1.1 促销手段16种
      4.1.2 我公司可采用的手段
      4.1.3 各手段的利弊分析

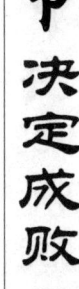

4.2 促销的管理

4.2.1 策划前的调研

4.2.2 在充分调研的基础上寻找促销机会

4.2.3 确定促销手段、促销产品及促销范围

4.2.4 提出策划书

4.2.5 实施中的注意事项

4.2.6 结果评测及促销总结

4.3 促销培训

4.3.1 促销中的人员素质要求

4.3.2 促销人员应该知道、应该会的内容

4.3.3 促销问答手册

4.3.4 促销人员语言、行为的训练

4.3.5 促销人员的过程跟踪与考核

4.4 促销配套

4.4.1 促销配套工具

4.4.2 广告配合

4.4.3 公共关系与促销活动的配套

4.4.4 促销活动中充分考虑其对品牌的正负影响

5 附录

5.1 文中涉及专有名词的解释

5.2 引用语的出处

5.3 参考书目

5.4 数据来源

关键词：电信 促销 手段 管理 培训 配套

以上几条均属建议，只是自己艰苦创业的体会，并无推广的理由。然而，有一条则固执地认为应该推广，那就是中国企业管理干部（尤其中层）必须要补科学管理这一课。

9. 补科学管理的课

在我的另一本书《精细化管理》中，我们用了很大的篇幅来说明中国企业走精细化道路是必要的，其中有一个很突出的观点，就是中国在改革开放以前，没有真正意义上的企业。企业不管市场，不理销售，自然也用不着操心采购，一律统一配给。就生产而言，人、财、物一个也没管到位：人是由劳动局、人事局、组织部在管；财的管理形同虚设，利息的概念都没有，连成本也是极少数人考虑的，更不用分析投资回报率、资金使用效率、机会成本等；物的管理表面上是很不错的，小有物资科，大有物资处，再大有物资局，但都是管一堆静态的、死的东西。"物流"一词是近五六年的新概念。

连企业的概念都不完整，企业管理更无从谈起。中国是一个劳动力极为丰富的国家、中国是一个消费巨大的市场、中国是一个极为在意人际关系的社会。从企业和经济的角度看，我们认识管理的确是很晚的。

改革开放以后，尤其加入世贸组织以来，我们极大地与全球性的工业化汇流了。因此，我们不得不花更大的精力、更高的代价回过头来思考管理问题。虽然，我们的祖先非常伟大，创造了丰富的文化，其中不乏深邃的管理哲学，但毕竟没有落实到方法、步骤、工具上，故而难得要领，更难实施。于是我们转向了西方，转向了更为务实且易于掌握的一些管理科学。

西方在1910—1920年间，管理主要是强调规模效率，"做大"是主要的考虑；直到20世纪20年代，一个名叫弗雷德里克·温斯洛·泰

勒（Frederick·Winslow·Taylor）的人，才让人类进入到一个新时代——科学管理时代。这位因为视力差而没有上成哈佛（通过了入学考试）的工程师，一生获得了一百多项专利，但让后人对他敬仰的还是他的著作《科学管理原理》（The Principles of Scientific Management）。

泰勒坚定地认为："几乎没有一个熟练的工人不是投入大量时间研究可以如何慢速工作，并且还要使雇主相信他的工作速度恰到好处。"于是，泰勒努力研究如何提高工作效率，他找到了如下途径：

① 分析某一特定工作，找10个或者15个特别擅长这一工作的人。

② 研究每个人精确的一系列基本操作或运动，以及每个人使用的工具。

③ 用跑表来计算每个基本活动所需要的时间，然后选择完成那一工作每一部分的最快方式。

④ 去掉所有错误的、缓慢的、无用的动作。

⑤ 把最快最好的动作和最好的工具收集成一个系列。

> 对泰勒一生的描述，参考斯图尔特·克雷纳等著的《大师：世界50位管理思想家》一书。

泰勒在纽约进行的一次管理演讲，竟然吸引了69000名听众。尽管今天诘难泰勒成为一种时尚，但无论如何"科学管理"是一大飞跃，不仅仅是从生产力方面，就劳动力的尊严而言都是如此。

企业发展到了今天，原本很原始的问题并没有得到解决，甚至根本就没有人去研究。比如：把每个工人的各项工作内容都转换成简单的基本动作；描述和记录每个基本动作及合理的工作，并且加以整理分类；研究并记录优秀工人实际操作时，应该在工作时间上放宽多少百分比的弹性，以涵盖工作时不可避免的延误、中断和小的意外；研究并记录为防止工作疲劳，应该允许工人每隔多长时间休息一次，每次休息多久。

当然，更为复杂的是对那些非机械操作工人、新的白领工人、知识工作者的管理，如何进行科学分析和有效调度。

我们不要一谈到泰勒就是压榨，就是剥削。相反，我们可以通过科学管理提高效率，然后减少劳动时间，降低劳动强度。这不是倒退，而是补课。

泰勒之后，才有了人际关系管理、组织功能结构、战略规划等理论，至于全球化、学习型组织、知识管理的提出则是20世纪90年代以后的事情。西方花了百余年走过的路，我们可以更快些，但阶段跨越则十分艰难。何况我们知道的名词多，并不等于我们学到的东西多。就算全社会热得烫手的"学习型组织"，也未必有多少人真正弄明白了；自称"学习型组织"的企业，也未必真的符合当年《第五项修炼》的作者彼得·圣吉的设计。

企业管理要一步步做细做实，不可能一下子来个大的飞跃，一口吃个大胖子。

管理者的成功源于将寻常的事情做得不寻常的好。

——《追求卓越》作者　汤姆·彼得斯

四、知道不如做到——细节习惯的训练

无论是政府机关、企业还是各类社会组织,通过一些具体可行的方法对全体工作人员进行一些习惯的训练,这对于提高人员素质是至关重要的。一个人的思想意识、思维方式等很难改变或改造,但一个人的行为是可以靠强力来扭转的,我们可以通过改造行为的方式来达到改造思维的目的。当然,这种行为的改造有时是强制性的。勉强成习惯,习惯成自然。

1. 清单习惯

以企业为例,企业的使命落实到战略,战略落实到规划,规划分解成计划,计划分解到日程。员工就应该按本系统、本组织的日程要求,做自己的工作日志。

工作日志就是我们提出的清单的一种形式。

工作日志其实很简单,就是把当天要做的事情一项一项地列出来,加上序号、标准、用时,一天结束后看看完成了没有、做到位了没有、做好了没有,没有完成或没有做好的原因是什么。这样一来,天长日久,就会形成习惯,想问题就会比较全面,而且有利于跟上下游的工序配合。如果一个人力资源部的全部工作人员的工作日志都在内网上共享,那么整个部门的工作效率就会大大提高。

在《细节决定成败》的附录三——"总经理必须做的事"中,列出了总经理每天、每周、每旬、每月、每半年、每年六个不同的时间段应该做些什么,一共70条。这也是一种清单习惯。有时习惯性地为自己整理一下工作内容、大小项目以及工作进度,确实可以既省时又省力。

日本的汽车出租公司的司机外勤管理方法就既简单又有效。他们在每辆汽车上安装一台针孔打印机,备用的是一种专用的打印纸,如图3-1所示。

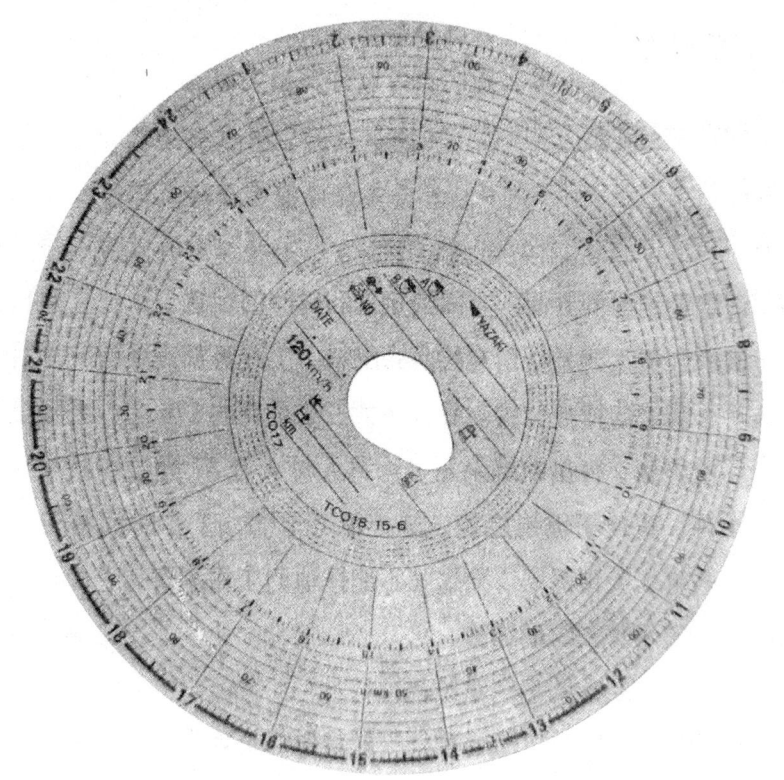

图 3-1 专用打印纸

打印纸上有三圈数字用来记数:汽车打火和熄火的时间(以记录车辆做功时间)、行车里程(以记录车速)、单位时间耗油量(以记录运行成本)。每车每天一张记录纸就把该车的全天候工作状态、工作效率和

成本一一记录在案。如有堵车等特殊情况,司机会另做记录和说明,并经用车人证明后,传真回公司备案。因此,评比、考核、计酬的依据就很充分了。这就是一种清单习惯。

清单不难设计,也不难执行,关键是我们愿不愿这么做;清单习惯借助自动化、信息化来实现也不难,我们也可以开发出类似的自动化设备,关键是我们是否认为需要。

2. 定置习惯

所谓定置包含两方面:空间的定置和时间的定置。

空间的定置主要是指所有物品、材料、工具等都需要有一个摆放次序,有一个固定的摆放位置。我们曾对三家企业的176名办公室工作人员做过一次检测,得出的结果是平均每人每天有87分钟在找文件、重新整理文件、找尺子圆规之类。这是很可怕的,工作时间被无谓地浪费,工作效率大大地降低。而这又不能怪他们工作不努力,完全是因为没有经过定置管理训练的缘故。

多数制造型企业的生产系统都推行过"5S管理",生产现场的材料、半成品、成品、工具、工装、配件、耗材等的放置都很有秩序,即使人员换岗也不存在找不到东西的现象,而绝大多数非制造型企业的白领却很少进行过这种管理训练。

定置习惯还包括时间的定置。所谓时间的定置就是一些常规的、成周期的事情,应定时进行。

以各种会议而言,很多董事长、总经理就完全没有时间定置概念。很多员工都不喜欢这种情况:下午四点,突然接到总经理的电话,"五点半开个会"。而每个人都有自己的安排:拜访客户、接待记者、部门讨论等,即使在写一份报告被无故中断也很不好。如果随时可以召集开一个不知主题、不明议题的会,只能说明我们手头工作量不满。最终,那个临时召集的会效率也会很低。想要提高会议的效率,就应该制定例会制度,形成时间定置概念。

哲学家康德在哥尼斯堡大学教学时,每日起床、写作、讲课以及吃饭和散步,时间都非常准确。早晨,每当邻人看到康德教授携着手杖步出家门,走向两旁栽着菩提树的小路时,就知道是六点半了。如果自家的钟是六点三十五分,那一定是自家的钟快了五分钟,拨回来准没错。

> 此故事见于亨利希·海涅的《论德国宗教和哲学的历史》一书。

当然,我们不一定要像康德那样生活,但在工作中有良好的时间定置习惯,就会使团队成员之间的配合更默契,整个组织工作效率就会提高。

从某种意义上说,研究细节的意义在于效率。做定置习惯的训练,意在培养下属能够有节奏、有次序地做事。尤其在团队合作时代,定置习惯的训练可以使团队整齐划一,减少由于参差不齐而需要等候、调整等浪费时间的麻烦,从而提高工作效率。

例会怎样开

管理例会是处理日常问题的主要手段。但是,有过管理经验的人都有这样的认识:管理例会开好了的不多,80%的会议都没有什么效果。一般来讲,务虚的会议好开,务实的会议难开;计划性的会议好开,解决问题的会议难开;问题明显,要求整改的会议好开;问题不明显,分析责任源头的会议不好开。另外,例会中,情况汇报多,原因分析少;

问题说明多,解决建议少;听得多,说得少;会议记录多,落实到位少。

那么,如何解决上述问题呢?

第一,要坚持以下几个原则与态度。

(1)领导不要相信例会可以解决所有问题。例会可以解决调度协调问题,作业困难支持问题,计划安排、任务分配问题。但是,问题的根源性分析最好不要涉及,对于频发问题的刨根问底不要在例会上进行。要以"微服私访"或者"调研小组"的形式把问题根源搞清楚,然后面对面地研讨对策和办法。

(2)领导不要把例会当成追究责任的会议。例会的使命是发现问题、发现难点,不是追究个人责任。在例会中,永远不要有追究个人责任这种意识,也不要让干部有这种心理印象。会议就是呈现问题、困难、计划、分工,与对个人的评价无关。领导要让问题都在例会上暴露出来,但是,不追究任何人的责任,只探讨解决办法或者提供解决困境的支持。如果有人捂着、盖着问题,结果要自负。

(3)参会人员不要把例会看成责任追究会议,更不要当成攻击异己的"媒体",或者推诿责任、为自己辩护的"下院"。会议就是来谈问题、谈困难、谈计划、谈分工的地方,没有任何其他意图。领导层要打击在会议上谨小慎微、别有用心的风气与心态。

(4)例会不进行任何务虚讨论。例会就是分析企业现在需要协调的问题和需要安排的任务。

(5)例会不进行任何鼓动宣传工作。例会是抓事实,不是抓干劲的。

(6)例会要有记录。问题、困难反映记录,措施记录,任务分工记录,时间计划记录等。在下一次会议中,检查本次会议决议的落实情况。

第二,把例会内容进行简单分类。

(1)情况通报。就是日常工作进行得怎么样,以及上次例会的任务完成得怎么样。

(2)调度协调。工作中有什么困难、问题需要在会上协调解决。比如:生产部需要增加××原材料供应量,销售部需要解决××产品的技术问题等。

(3)计划、任务分配。对某项任务进行分工落实、时间规划。

(4)问题、困难汇报。对于本部门不能解决的问题和困难进行总结与汇报。

第三,按照以下程序和思路展开会议。

(1)备会。

内　容	要　点
情况通报	① 本职、本部门工作完成得怎么样
	② 上次例会的要求落实得怎么样
	③ 管理活动开展得怎么样,诸如5S、细节管理这样的活动
调度协调	① 计划落实中,遇到什么问题,需要哪些部门配合
	② 计划落实中,人力、设备、权限上有何不足,需要什么支持
问题、困难汇报	① 技术装备问题
	② 人员配备问题
	③ 流程、规章、标准问题

(2)会议进程控制。

① 听取汇报;

② 上次例会要求的落实检查;

③ 明确、确认问题和困难的含义;

④ 解决办法讨论；

⑤ 任务分配讨论；

⑥ 决议。

（3）决议。

① 复述决议内容；

② 沉默视为同意；

③ 决议记录在案，下次例会检查落实的情况。

3. 接点习惯

先讲一个故事。

一个商人请一位画家到家里吃饭。商人亲自下厨，他的妻子则陪着画家聊天。于是画家就一边与女主人聊天，一边给她画了一幅素描。素描画好后，商人看了很满意。就在商人啧啧称赞之时，只见画家远远地向商人伸出了左手的大拇指，类似于做比例测量的姿态，右手在素描册上迅速地勾勒着。商人便迅速地摆好姿势，让画家为他也画一张。很快，又一幅作品完成了，商人很兴奋地抓了过来。但他却不高兴了，原来素描册上画的并不是男主人，而是画家左手的大拇指。商人很不高兴地嘟哝着说："我以为是帮我画像呢。"

在工作中我们也常常犯同样的错误，而且很频繁，那就是"我以为"。我们常常"我以为"，结果却"并非如此"，等到明白以后，却为时已晚，或浪费了机会，或浪费了时间，而重要的是使上下游的衔接无法到位。因此，如何克服"我以为"来减少团队合作中衔接的失误，就成了一个很重要的问题。接点习惯也就因此而被提了出来。

工业时代的主要特征是"分工越来越细，合作越来越强"，这就更需要我们团队中的每个成员都要努力进行接点习惯的训练,来强化自己工作中的衔接能力,以减少合作中衔接的失误。

下面介绍三种接点习惯的训练方法。

第一,承诺制。

用于上司对下属布置工作,多是高层对中层布置工作时使用。所谓承诺制就是下属向上司打工作领条。我们借100块钱会写个借条,领10本信纸要写个领条,但接领一项工作(有的工作很重要,事关成千上万元的成本,或关乎十万百万的利益)我们却不习惯打条。比如,总经理给部门经理布置工作,就要求下属写个条,写清楚何时、何地、接受了何任务、何时完成,如有必要还要写上完成后的验收标准和成本代价,最重要的是要签上姓名。中国人一向注重签名,签上名就意味着承诺、负责、说话算数。重要工作的布置,一定要落实到文字上,并且一定要签字。面对白纸黑字的承诺,事后的评价、追究、考核就有了依据,也极大地避免了交代工作时没说清楚、没听明白、互相赖账、无法追溯的可能。

第二,进度表。

多用于中层经理对下属布置工作时使用,尤其适用于对一项工作可拆分成若干子项目的情形。常见的工作进度表如表3-1所示。

表3-1　工作进度表

序号	项目	责任人	完成时间	验收要点	备注
1					
2					
……					
N					

责任人(签名):

这样的表很简单,一件事分成了几个子项目需要分头完成,一张表分发下去,每个责任人都要签上名,每人存一份。这样,每个人的责任心都会有所加强,检查落实容易到位,工作考核也更方便。

这样的进度表累积到年底,我们会发现评优、奖惩就不为难了。当然,一些成熟的企业已经建立了现代企业制度,有了更好的方法,如项目管理软件、MindManger 等,但对于大多数中小企业而言,先按这种方法操练起来,对员工素质的提升会很有帮助。

第三,口头复述。

工作中很多小事情上下沟通时没有必要写领条、列进度表,但应让接受指令者重复一遍,避免衔接的误差。比如让秘书去买一张机票,秘书听明白之后,必须再复述一遍:"买一张 12 月 22 日下午 4 点左右从北京到广州的机票。"这样可以避免出现机票日期不对、地点不对等错误。

这样的做法挺机械的,似乎有上司对下属不尊重之嫌。其实,大可不必这样理解。建议有想法的人去碰一碰计算机的 Word 文件操作系统,关闭文档时,看到界面上出现"是否保存?是(Y)、否(N)、取消"的提示框就明白了。微软这么设计,并非认为所有人都是糊涂虫,而是加一道确认,减少误操作,减少错误率。

管理就是这样,把所有的琐琐碎碎的事情,一件一件地认真对待,并努力做透,才是正途。

4. 换位习惯

换位习惯,准确地说应该称之为换位思考习惯,就是站在工序和环节的下一位去思考问题,站在服务对象和顾客的角度思考问题。

我曾入住一家四星级酒店。早餐时一进餐厅就有服务员来收餐券,这当然是应该的,但收完餐券就没下文了,也没有给我领座。我找到一个座位坐定后,发现没有餐巾、刀叉、筷子等,去盛稀饭时发现盛稀饭和牛奶共用一个舀勺。用完餐需要餐巾纸,举目四望却不能对视上一个服务员,于是只有"哎、哎"地大声叫。

以上这些细节都不是什么大的问题,在地摊上就更不当一回事,但在星级酒店就是服务的缺陷,或者是餐厅服务的事故(虽然是小事故)。应该让服务员到别的酒店去消费一两次,别人的优点就学,差的地方对照自己去改正。当自己作为顾客时发现的问题,记忆是深刻的,改起来也容易,比领导苦口婆心去教育快得多,彻底得多。

有时候,我们很多事也努力做了,但就是不到位,多数是因为没有站在被服务者的角度去思考。在广州开车,我在一个路口处突然愣住了,不懂该怎么走,两块指示牌:一个"环市路",一个"内环路"。我怎么也找不到哪条是环市路,哪条是内环路。如果立路标的人带上自己外地的亲戚开车跑一趟,我想就不会这样挂路牌了。

在老家办出国考察的手续,反复几趟地跑,不是配套材料不齐,就是表格填写不对。我还是一个所谓的知识分子,读了17年的书还填不好一个表,没有读那么多书的人该如何呢?如果以己推人,这些干部一定会给出材料清单,做样表示范,指出哪些地方最容易错。这样,我们老百姓办事也就方便了。

公务员和事业单位的工作人员服务不好,恐怕也不能说他们都是态度不好,公仆意识不够,而是因为没有接受过换位思考的训练。

在企业,换位思考的习惯可以训练出来。比如让员工到下一道工序工作一周、让销售经理去生产部当10天见习副经理、让财务人员到市场去收货款;再比如让生产部的干部协助采购部的人去买一两次比较紧俏的原材料(而且在公司资金紧张的时候)等。

员工经过一定量的系统训练，习惯于列清单、习惯于定置、习惯于做接点和换位思考，天长日久，团队的成员工作起来，就一定能变得更细致、更认真、更到位，合作也就更流畅，效率也就更高。

少成若天性，习惯如自然。

——孔子

问答录：对话汪中求

问题1：我是一名中小企业的营销主管。我觉得中小企业的员工流动性很大，其执行力也非常差。作为主管应该怎样做好计划并实施以及如何检查工作？有哪些细节可以方便我们处理这个问题、这个环节？

答：由于中小企业不具备大企业的吸引力，在社会公共关系和传播上也不具备优势，容易造成人员流动性大。但是中小企业也有很多的优点。比如船小好掉头，人员思想较易统一等。

中小企业执行力差，这个按道理是不应该的，应该说越小的企业执行力越好。因为它的管理层次比较单纯，贯彻起来环节少，传递时间就短，所以执行力应该更好。如果说你们的企业执行力差，就要对具体情况做分析，我不是很了解，所以不一定能说到点子上。但有两个共性的问题，我觉得你可以参考。

一是要建立例会制度。因为企业是个生命体，有自己的生命、内在的逻辑，所以每天、每一周可能都会有一些问题积聚下来。就像个人成长的过程，总有细菌和病毒的侵扰，所以人要定期体检。企业的内部的体检也应该定期进行，小的环节往往会潜藏着危机。企业的体检怎么做？用例会的形式来检查。

二是大家每一次碰到一起，其中一个人或者高管应该成为这批人当中的核心。我们少去打点麻将，少去打什么拖拉机、斗地主。我们可以把这种小组的集合（哪怕是吃饭）迅速地变成一个学习的环境，讨论一个小问题。养成一种习惯，这样就会使学习的能力大大增强，执

行能力肯定就强了。每次只要三个人以上的组合就可以讨论一个小专题。要去发挥小企业的优势，而不要盲目地模仿大企业，否则会适得其反。

（根据湖北楚天电台《名家讲坛》演讲现场的问答整理）

问题2：会前我们对《细节决定成败》有很多的了解，在实践中也有很大的收获。您说细节包含在整个管理的过程中。比如说招聘过程是一个程序，接下去如何面试又是一个子程序。我的问题就是，这个细节制定完以后，接下去细节的细节呢，是不是无数次地分解下去，有没有一个度，这个度该怎么掌握？

答：这个问题非常尖锐，也非常到位。在我的另一本书上说过"人生最难掌握的规则是度"的话，关于细节的度，我表达为颗粒。

细节到底细到什么程度？细是无尽的，我们现在的企业到底应该细化到什么程度，要立足于实际。我讲过"管理的岗位和流程的标准化"，发展过程为三个阶段：明确、准确、精确。最早我们对一杯可乐的要求是没有标准的，后来提出来喝凉的，就不能热，这个时候开始有标准；再往下什么叫凉的，后来提出的标准是4℃，这个口感最好。那么3.8℃是不是更好，以后有可能是，但是现在不必要那么细。

企业细化到什么程度，我们去一个企业做调查研究，会提出一个度的标准。华为的任正非讲过一句话，企业管理有三个化：第一叫僵化，第二叫优化，第三叫固化。僵化就是当前我们的管理者有能力把管理规则细到现在这个程度，让所有的员工严格按照这个规则去做，僵化执行，死板地做，错了就是管理层的事；优化是经过两到三年的实践之后，总结出这里面确实存在某些方面的误差，或者某方面的不完善，这个时候开始进行微调；又过两到三年，规则制定成熟了，到位了，就作为一个长期的管理标准，固化下来。所有的不断细化的过程，一定要讲究规则为王，就是对规则的刚性要有充分的认识。如果这一点做不到，所有的细化都是空的。

（根据在中国储备粮总公司讲课的问答整理）

问题3：许多企业也重视细节，但往往效果不尽如人意，员工也许会用各种方式取巧，企业高层也许会为忙着堵住"细节"窟窿而焦头烂额。这样的问题应该怎样解决？

答：这个错误的出现不在于细节，而在于对管理的理解。因为管理靠的是规则，不是靠高层的现场智慧。目前中国企业建立规则的重点在两方面：一是岗位，二是流程。岗位是对人的工作内容及其标准的描述，流程是对事的步骤及其标准的描述，流程和岗位没有做透，人和事就是乱的。

还要补充一点，岗位和流程不是制定了就可以，还要引入培训。比如一个新记者使用录音笔，要有人教他怎么用，拿出30分钟来练，只有这样才不会出错。他也许是名牌大学毕业，但与会不会用录音笔没有关系。所有人对涉及的流程和岗位内容都应该进行严格的训练，我把这个过程称为职业化过程，我们现在的问题就是职业化训练不够。

（根据大连《半岛晨报》的采访整理）

问题4：日常工作中，每一个环节是否都需要有人去监督？

答：不需要每一个环节都监督，而是需要每一个环节都有标准，并且可以追溯；更重要的是员工训练和绩效考核，训练是管理的基础，考核是管理的导向。

（根据515网友的提问和解答整理）

问题5：培养重视细节的习惯是不是还有一些硬性的做法？

答：硬性的做法就是任何一个团队都可以给自己设计一些风纪扣一样的东西，让大家逐渐养成细节意识。军人的风纪扣是让你养成服从的

习惯,同立正、稍息、正步走是一样的道理。这些规范的设计长期在训练中贯彻,军人就逐渐养成以服从为天职的品质,从而也就形成了有战斗力的组织。中国人民解放军一本小小的册子,不过是百十条简单的条例、条令,却有效地、长效地管好了这百万之众的庞大队伍,个中精髓值得当下"向军队学管理"的企业管理者深入研究。

勉强成习惯,习惯成自然。我们在讲团队规则时不能过于强调个人的聪明才智,所有东西只有在规则的前提下才能发挥作用。什么都自己去分析,然后把它改掉,那团队还有什么战斗力?不论是发展中的企业,还是成熟的企业,对细节的关注都要从头开始,从简单的习惯训练开始。

(根据《财富时报》的采访整理)

问题6:您曾写过一篇文章《中国人的聪明才智到底出了什么问题》,能给我们讲一下吗?

答:我一直偏执地认为,中国人非常聪明,但常常聪明用得不是地方,总是"分析规则,任意篡改"。成熟的管理和成熟的组织,它的标准和要求都会反应在规则里面,我认为国人聪明的前提应该是对规则的认同,你坚持按规则去做,你认可规则,这才是真正的聪明。

我们必须让自己不要那么"聪明",准确地说不要自以为聪明,不要耍小聪明。我们老是自以为聪明,找很多潜规则和非正常的手段,一直试图找到一条成功的捷径,而事实上人生是没有捷径的。从这个意义来讲,自视聪明,一定吃亏,聪明反被聪明误。

我曾经论述过"精明"和"高明",认为急于显示自己的聪明就是"精明",实际上是小聪明,永远与智慧相背,"高明"则是坚守规则,把自己的聪明收敛起来,这样的人才有可能成就大智慧。

(根据中央电视台的专访整理)

问题7：我是在国有企业和外企都工作过很多年的管理者，但是在这么长的工作时间内，我发现有两点非常难掌握，第一，怎样平衡宏观思维跟细节管理之间的关系？第二，外企的制度是非常严格的，特别是日本的企业，在人性化管理方面，应该怎样来平衡？希望您给予教诲。

答：你刚才提的两个问题，第一个问题是关于管理者特别是领导怎么去抓大放小，或者是大与小怎么去平衡的问题。

在这里我想重复三个观点。

第一，所谓领导，更多的是作决策，因此应该学会"多做选择题，少做问答题，不做论述题"。所谓"多做选择题"就是在下属给的方案当中做出选择，而不是自己去做设计，自己去做策划，自己去做方案；所谓"少做问答题"就是对下属提出的疑问，不要自己去给答案，应该让下属带来答案，然后帮助他做分析；"不做论述题"，就是不必长篇大论去讲，也是没有时间去讲的，领导还是要回到规则的道路上去，而不是靠个人的聪明去指挥这个企业。

第二，领导者也要务实、务细。在什么情况下做细呢？就是解剖麻雀，把一件事情彻底搞清楚。一个领导不可能所有的事都沉下去，这是不现实的，自己的能力也不够，专业水平也不具备。把一件事情搞清楚，了解里面的前前后后以及员工真正的态度，这是可以做得到的，而且也是应该做的。

第三，在日常的管理当中，我们不主张领导者经常往下穿插，我们总结出一句话：上级可以越级调查，但不可以越级指挥；下级可以越级投诉，但不可以越级汇报。

第二个问题，就是你刚才讲到的西方企业细节做得透，规则做得严，人性化会有所缺失。关于人性化的问题，我们应该从两个方面来理解。

第一，中国企业眼前最重要的人性化是什么？我认为中国企业眼前最重要的人性化不是对员工的放任，也不是对员工的迁就，更不是对员工的溺爱，中国的员工包括你我在内，现在都需要加强职业化的训练。因此，这个阶段严格训练可能就是中国企业当下最重要的人性化。因为只有严格的训练，才可以培养我们的竞争力，个人竞争力是靠严格的训练来获得的。

第二，所谓人性化，要从深层次上考虑，人性化不是让员工违犯规则，让员工绕开规则。比如说，我们让大家都准时到会，但有的人不到，这个时候我们如果等他，对他好像是人性化了，但事实上对绝大多数人已经不人性化了。尊重了不遵守规则的人，就伤害了大多数遵守规则的人。人性化是一个深层次的问题，而不是表象的问题，我不主张从表象来看待人性化。

（根据深圳移动组织的商务论坛问答记录整理）

问题8：我的公司很小，没有什么管理方法，现在一讲到细节，不知道怎么办。请您给一些建议。

答：很老实地告诉你，我也是从小公司做起的，到现在为止我还办了一个非常小的公司，才20来个人，在北京。因此我们是同道，很有知心话可以讲。

那么，小公司该不该做细节呢，小公司怎么去做细节呢？我想谈三点。

第一，小公司最重要的是经营，而不是管理。因为生存的压力没有摆脱，别的都是空谈。现在首先是解决订单和业务量的问题。小公司老板可能自己就是业务员。小公司的生存压力逼着我们首先从销售的角度来思考问题，小公司的经营比管理更重要，假设我们同意把经营和管理分开的话。

第二，小公司如果开始着手管理，我认为最重要的管理就是老板在个人的人格上要显示出细节的魅力。一个小公司，人只有那么几个，所有的人和事常常是尽收眼底的。作为小公司的小老板，小CEO，我们自己做事做人的一些特征，能不能给员工一些言传身教的帮助，非常重要，这个比制订若干的规则好得多。我从来都认为，小公司有的时候凭领导的人格魅力就可以管好，用不着那么多的规则和制度，而中型的公司必须通过规则，个人的魅力影响不到那么多人。在当代中国再像梁山一样，靠宋江的魅力影响一百多个人，已经很少了，至少你我不是，有三五个哥们儿能够维持十年就相当不错了。大的公司可能光靠规则都不够，还要靠文化，因为它不同体系的规则相差非常大，完全靠规则不行。

第三，小公司即使要制订规则，也不要那么多。想要解决40个问题，我就建议先做20个规则，一个规则假设本来想写18条，我建议先写9条。因为公司太小，就像衣服太大过松穿在身上远远超过身体一样，给人一种虚的感觉。这种虚的公司在文化上就是失败的，人家会认为你不是一个真正做事的人。所以，明明可以细，也不要做那么细，把重要的条款表达出来就足够了。

（根据深圳移动组织的商务论坛问答记录整理）

口号不是目标，倡议不是管理。

——汪中求

第四章
政府管理在细节

任何大事都是由许多小事组成,要做好大事必须以做好小事为基础,否则是做不好大事的。

"大国崛起"成为近来中国社会的一个流行词汇,中国的和平崛起也越来越成为世界关注的一个元素。

2007年1月25日,时任中国国家统计局局长谢伏瞻宣布:2006年中国GDP总量突破20万亿元(209407亿元),同比增长10.7%。这个数字代表着一个历史性的突破,让中国人民感到振奋,同时,也让世界的目光聚焦中国。新加坡《联合早报》发表文章称:25年来中国实力快速增长,只要持续下去,那么,基本可以确信,到2020年,中国将成为经济和政治上无可争议的全球大国。中国的崛起将再次成为当今世界最为关键的事件之一。

2007年1月28日,新华网公布了由中国现代化战略研究课题组编撰的《中国现代化报告2007》,报告中指出:"中国可能在2015年前后完成第一次现代化。"

在看到这些令人激动的数据及预测后,我认为,我们的经济研究工作者、政府部门、甚至平民百姓应该更加关心一些细节问题,尤其是经济增长的方式。我们现在依然没有走出高投入、高消耗、高产出和低效益的"三高一低"的经济发展道路。中国消耗了全球总资源量的12%和一些重要资源的30%(全球31%的原煤、30%的铁矿石、27%的钢材、40%的水泥),只创造了全球GDP的4%多一些。

如何进行经济增长呢? 2006年12月,中央经济工作会议提出要调整政策,从"又快又好"到"又好又快"。我们如何理解和解读这一方针呢?如何去运用这一政策呢?《南风窗》2006年年终报刊的评论员徐莉芳的文章非常好:"告别没有发展的增长……又好又快的中国新面目,无非取决于技术与细节了。"

《细节决定成败》一书出版后,得到了社会的普遍认可,在书中我提出了"治大国如烹小鲜——公共管理无小事"的观点,也得到政府部门的肯定。包括国务院机关事务管理局、沈阳市政府、成都市政府、贵阳市政府、深圳市政府、大庆市政府、新乡市政府、齐齐哈尔市政府、九江市政府等政府机关请我去做了讲座,与政府官员们进行了深入的探讨。再加上我本人也做了两年的厅级干部的秘书,所以对政府的一些运行方式和管理工作有一些了解。我们的精细化管理研究团队也对此作了一些研究,出版了《政府精细化管理》《落实要到位 关键看结果》等书籍,试图对政府管理工作的改善尽自己的绵薄之力。

默而成之,不言而信,存乎德行。

——《易经·系辞上传》

一、调研重细节　决策靠数据

让我们来看一个现实的案例。

2006年6月19日,北京市有关部门下发了"民宅禁商"的通知:凡属住宅(含公寓、别墅、平房等)用途的及房屋用途表述无法辨别为住宅或商业用途的房产(含商住、综合等)均不予工商登记。

"619通知"的出台,本意肯定是好的,如避免扰民问题、落实北京建设宜居城市的目标、抑制房价等。但是,这一政策显然是调研不够充分的,是没有过渡、太突然的"一刀切"政策。尽管愿望是好的,但在执行过程中会遇到很多现实的问题难以解决。所以引发了很大争议,让我们就一些细节问题进行一下剖析。

(1)"民宅不得商用的通知"与现行颁布的政策有自相矛盾之处。

2002年,北京市工商局颁布过"关于在居民住宅楼内设立企业有关问题的通知"的"京工商发109号"文件。指出:"允许企业(或个体工商户)在居民楼中的居住用房作为经营场所从事科技开发、咨询服务、市场调研、企业形象策划、打字、复印、图文设计、动画制作和广告经营活动……"

《中华人民共和国公司法》中规定关于设立公司条件之一是"有公司住所便可设立公司"。所以,"619通知"是否否定了《公司法》及废除了2002年的"109号文件"呢?

（2）有"民事纠纷行政干预"之嫌。

可以说在商住公寓、别墅里办公扰民的现象是存在的，但不是普遍现象，个别现象可以通过协调，甚至法律手段去解决，而不是简单的行政命令。这并不符合现代行政管理的原则。

（3）与国家鼓励个人创业、大力发展中小民营企业的思想不符。

我们都知道，在现阶段的中国社会，中小企业占到企业的98%以上，其中很大部分又是小型公司、微型公司，让这些小公司都搬进写字楼并不现实。

2006年1月1日，国家实施的新公司法，鼓励个人创业并降低了个人开办公司的门槛——三万元即可注册有限责任公司；同时，新公司法还规定可以成立一人公司。

近来，国家为解决大学生就业难问题，又不断出台鼓励大学生自主创业的政策。

我们可以想一想：让这些几万元注册的小公司、一人公司、大学生创办的公司都进驻费用高昂的写字楼，是否现实呢？

这里有一组数据仅供参考：2004年北京私营公司数量为224659家，1/3私营公司注册在住宅内。2006年前3个月，北京朝阳区注册的公司有60%的办公地点在住宅、商住两用公寓里。这么多公司都搬进写字楼，能行得通吗？

北京的政策往往是全国其他城市的风向标，如果其他城市竞相效仿，必然对那些小型、微型企业、个人创业者造成很大的影响。

（4）与世界新经济发展趋势不符。

我们不要忘记了，微软公司、苹果电脑公司、戴尔公司都是诞生在自家住宅车库里，阿里巴巴也是诞生于杭州的一户居民楼……

现在，由于电脑的普及，网络的延伸，很多行业正逐渐流行在家

办公。

《中国经营报》2006年12月11日的一篇文章发布了这样一份调查结果:"很多原先住在小区里的公司搬到了写字楼,更多计划在小区住宅开办公司的创业投资者最终放弃了计划。"

(5)造成"上有政策,下有对策"。

生意越来越难做,是小公司的共识,创业初期尤其艰难。中小公司最大问题就是资金问题,贷款又比较困难,其中房租又是开销中的大头。

朝阳CBD和中关村住宅与写字楼数据对比如表5-1所示。

表5-1 朝阳CBD和中关村住宅与写字楼数据对比

区域	楼盘	面积(m^2)	月租金(元)	年差价(元)
朝阳CBD	住宅	100	8000左右	16万左右
	写字楼	100	22000左右	
中关村	住宅	100	4000~6000	7万~10万
	写字楼	100	10000~15000	

以上费用还不算物业费、水费、电费、取暖费等费用的差距。所以,"一刀切"的政策一定会造成公司注册造假现象越来越严重。

以上只是举个例子,从一些细节上对某些"一刀切"的政策的剖析。其实,要解决这个问题并不是十分复杂。

我建议做到以下几点。

(1)重新深入调查。

把在普通住宅、商住公寓、别墅中办公的公司具体数据搞清楚,看看公司比率是多少,扰民的比例是多少。可以根据情况区别对待,真有扰民问题的也可用法律手段解决。就公寓而言,我知道北京很多高档公寓里,公司办公用房的比例很大。

(2)设定行业限制。

对扰民问题比较严重的餐饮、娱乐、生产加工、制造企业(学校)

等行业采取商宅办公，而对于从事科技开发、咨询服务、市场调研、企业策划、打字、图文设计、动漫制作、律师咨询等对居住影响很小的中小公司则可网开一面。

（3）建立警告机制。

如果出现公司扰民现象，可由相关部门出面给予警示，如果不按期改正，则限期迁出。

中国的改革开放一直在快车道上行使，很多的法律、政策还在不断制定颁布、修订完善的过程中，一些涉及广大群众利益的相关政策，一定要深入调研，反复论证，在试行过程中根据实际情况调整，而不能仓促且武断地实施。这也是我在此前出版的书中反复提出的观点"佐证式调研""决策从容，执行迅速"。

二、建立和谐社会 政府管理疏导优先

这是一个古老的故事。

在中国远古的时候,黄河流域发生了水灾,不少地方毒蛇猛兽出没,老百姓苦不堪言。尧召开部落联盟会议,商议治水问题,大家公推鲧(gǔn)去治水。鲧用的办法就是水来土掩,造堤筑坝,结果洪水冲塌了堤坝,水患更为严重。他干了九年,也没把洪水制伏。

舜这时已接任部落首领,他以治水不利为由,杀掉了鲧,又派鲧的儿子禹去继续治水。

禹总结了父亲的经验教训,经过实地考察,改变了方针。他率众一面继续修坝,一面开渠排水、疏通河道。他不辞劳苦,三过家门而不入。经过十三年的努力,禹疏通了九条大河,使洪水沿着新开的河道流入大海。后人为歌颂禹的功绩,尊称他为大禹。

我认为这个故事在大力提倡建立和谐社会的今天,对我们政府机关的管理思路是有一定启发的。

也许是农民出身吧,我对有关农民,如农民工、农民进城、小商小贩的事特别留意,也深深地同情那些背井离乡进城打工的农民。在中国实现现代化的浪潮中,城市化是不可避免的趋势。有关部门公布的数据显示:到2010年,由传统农业本身排斥出的劳动力将达到1.9亿人。这些劳动力转移到城市从事各行各业的工作,相当一部分人只能做些小买卖维持生计,也就成了我们所说的小商小贩,可能相当一部分还会成为无照商贩。

如何管理这些人就成了当今社会的一大难题,也成了各级城市管理部门的难题。

2006年11月的一天早晨,我在某城市出差看到车站边有卖烤红薯的,有摊煎饼的。我走到煎饼摊车前要了一个煎饼,那妇女手脚利落的做起来。煎饼摊边站着一个小男孩,估计是摊主的孩子。这时远处不知谁喊了一嗓子:城管来了。只见烤红薯的汉子推起车就跑。这时,城管的车来了,下来几个城管队员,大喊一声:"怎么又在这摆摊,不是警告过你几次了吗?"说着,把煎饼摊车抬起来扔上收容车。卖煎饼的女人又急又怕,大哭大叫起来,旁边的小男孩也大喊:"不许拉走我妈妈的车,不要拉走我妈妈的车。"

城管的车走了,只剩下那痛苦的女人和站在一边的男孩……

看到这一幕,我心里很不舒服,如果我们这一代人不好好解决这一问题,而让小商贩的孩子们从小就经历这样的事,给他们幼小的心灵造成不良的影响,也必将给我们和谐社会的建立留下不和谐的声音。

我们再来看城管与小商贩,觉得其实他们之间的矛盾也不是那么尖锐。相信各级政府也一定可以想出好的解决办法,关键是要改变思路:不是一味地"严管禁堵",而应该重在"疏导"。

2006年10月,中国城市规划年会在广州召开时,时任建设部副部长仇保兴说:"我们的城市应该宽容,应该让他们有合理的分布,给予更多的引导。"并且仇副部长还引用了国际著名设计师沙里宁的话说:"**城市如同一本打开的书,从中可以读出市民们的文化气质和抱负。**"

对于进城农民、下岗人员来说,摆小摊、做小买卖也是他们保证一

个人或一家人生活的有限而有效的手段。如何采取更具人文精神的治理手段？如何采取更合理合法的管理手段？如何让每个靠劳动吃饭的人都能生活下去？是城市管理者应尽快解决的问题。

古代大禹治水尚能弃防堵而用疏导，我们的城市管理者也一定能拿出更好的办法。并且，政府的决策部门已经传达出了人文管理的信息，一些学者、人大代表、政协委员也在呼吁解决这些问题，一些地方政府也在探索积极有效的方法。

2006年9月，浙江新安江市发布城市"摆摊地图"，图上用33个红点标示的地点是小商贩们可以摆摊的安全地带。

2007年元旦前夕，长沙城管队员制作2000张贺卡给商贩拜年。

2007年2月上海市容环境卫生行业便民措施发布会上公布，上海市的《城市设摊导则》将于本年五一前后出炉，规定上海市区部分路段经市民同意，可设置部分便民类摊点，对马路摊点不再一律封杀。

自从上海宣布解禁街道及商贩后，重庆也提出了"有序开放马路摊点"的政策，规划了400多个马路摊区，设置摊位1万多个。各大城市纷纷表态考虑解禁的可能性，广东省委政策研究室主任吴则文表示广州有解禁的"可行性"，成都也在考虑开放试点便民摊。

2007年两会召开之际，全国人大常委会委员郑功成疾呼："政府不能为了城市的面子工程，就损失可能存在或可扩大的就业机会。"人大代表还呼吁"城市管理要给小摊贩生存权"。此时，《就业促进法》也进入审议阶段。

在中国社会走向和谐的道路上，各级城市城管与小商贩之争只是社会矛盾的极小部分，在一个社会的转型时期、转折时代，各种矛盾是不可避免的，如何消除这些矛盾，让社会出现和谐的音符，就需要管理者深入到社会的细节中去，关注民生，把百姓的"小事"真正放在心上。

三、时代需要宽容精神
　　让社会的空气湿润一些

　　"一个伟大的人有两颗心：一颗心流血，一颗心宽容。"这是黎巴嫩诗人纪伯伦说的，这段话使我想到林肯。

　　林肯是美国历史上最伟大的总统之一，林肯纪念馆就坐落在美国的首都华盛顿的宪法大道上。在纪念馆的墙壁上刻着这样一段话："对任何人不怀恶意；对一切人宽大仁爱；坚持正义，因为上帝使我们懂得正义；让我们继续努力去完成我们正在从事的事业，包扎我们国家的伤口。"

　　让我们看一个故事，从中体会林肯那宽容的力量。

　　林肯在竞选总统前夕，一次在参议院演说，遭到一位参议员的羞辱，那位参议员挑衅地说："林肯先生，在你开始演讲之前，我希望你记住自己是个鞋匠的儿子。"

　　林肯平静地回答："我非常感谢你使我记起了我的父亲，他已经过世了，我一定记住你的忠告，我知道我做总统无法像我父亲做鞋匠那样做得好。"参议院陷入了一片沉默。

　　林肯又继续对那个傲慢的参议员说："据我所知，我父亲以前也为你的家人做过鞋子，如果你的鞋子不合脚，我可以帮你改善它，虽然我不是伟大的鞋匠，但我从小就跟父亲学到了做鞋子的技术。"然后，他又对所有的参议员说："对参议院的任何人都一样，如果你们穿的那双

鞋是我父亲做的，而它们需要修理或改善，我一定尽可能地帮忙，但有一点可以肯定，他的手艺是无人能比的。"

这时，所有的嘲笑都化作了热烈的掌声。

中国在构建和谐社会的高速发展期，是不是需要更多的宽容精神呢？我认为是肯定的，在上一节里我谈了社会对弱势群体的宽容，在这里，我希望能用一些细节来透视一下企业家、职业经理人、民营中小企业的生存状况，希望社会也"同情"他们。

2006年中国社会的一大新闻事件便是，安徽华源生物药业有限公司的"欣弗事件"。因欣弗的不良反应，造成11人死亡，而因此事件死亡的还要加上1人，便是该公司的总经理裘祖贻——在办公室自杀身亡。

从社会舆论的反应来看，对他的死几乎是一边倒的同情和惋惜，但人死了，又如何能复生？我们来看一下此事件前后的一些事情吧。

安徽华源生物药业公司，2002年一季度亏损659.65万元，工人人均月工资不到400元。裘祖贻临危受命，出任总经理，他生活俭朴，锐意改革。"欣弗事件"前，公司的一线工人平均月收入达到1700多元，工厂还为每个职工每月交两三百元的各种保险。

2006年8月，使用"欣弗"的患者出现不良反应，全国开始大规模追查"欣弗"。10月16日，裘祖贻被撤职，一向低调的裘祖贻成了风口浪尖的靶子。公司全面停产，2000多名员工失业，让裘祖贻陷入深深的自责之中。11月1日，裘祖贻留下给同事、妻子、小孙女的遗书撒手而去。"银行贷款、停产整顿、善后理赔、应付款，尤其是8400万元企业集资款，我急啊！……请同事们帮我安排好，我随欣弗而去。"

我在这里不想就事论事讨论裘祖贻应负什么责任，如果他没离开人世，自有国家行政机关、执法部门给予公证的调查、裁决。我在这里只是希望大家能看到一个企业家并不总是那么风风光光，他们所承担的压力、磨难、风险是一般人难以想象的，有时甚至要付出生命的代价。

让我们来看一组数据。

北京心理危机与干预中心报告：1980年以来，中国已有1200多名企业家自杀或因其他方式非正常死亡。

1993年，上海大众集团董事长方宏跳楼自杀。

1993年，茂名永丰面粉厂老板冯永明，在家中用水果刀割腕自杀，年仅29岁。遗书中写下："现实太残酷，竞争和追逐永远没有尽头……"

1997年，贵州习酒老总陈星国自杀。

1999年，春都集团董事长高凤来心脏病突发死亡。

2001年，青岛啤酒副董事长、总经理彭作义游泳时心脏病发作猝死。

2003年1月22日，全国工商联副主席、山西海鑫钢铁集团董事长李海仓在办公室被杀害。

2003年2月11日，浙江富商周祖豹在家门口身中14刀身亡。

2003年8月17日，兰州地产亿万富豪刘恩谦被杀害。

2003年9月7日，河南首富、黄河旋风公司董事长乔金岭因债务纠纷自杀身亡。

2003年，浙江东方集团副总经理朱永龙在办公室上吊。

2004年4月10日，爱立信中国总裁杨迈，在没有任何征兆的情况下，猝死在跑步机上，医生说："连日超负荷的工作使他的心脏不能承受剧烈运动。"

2004年10月9日，浙江名仕实业有限公司总经理陈仕明追赶窃贼遇害身亡。

2004年10月14日,汤臣集团董事长汤君年因糖尿病并发症去世。

2004年11月7日,均瑶集团董事长年仅38岁的王均瑶,因患肠癌,病逝于上海。

2005年1月1日,山西运城鑫龙实业有限公司董事长赵恩龙跳楼自杀,他的遗书写道:"政策变化快,负担过重,银行的贷款无法如期归还。"

2005年1月4日,陕西金花集团副董事长徐凯在酒店上吊。

2005年末,拥有36亿身价的德州晶华集团董事长、党委书记苗建中在家中自杀,此前苗建中每天要工作15个小时以上,有时一天需要批复的文件就有五六十件,要到凌晨两点左右才阅完。

2006年9月16日,浙江临海市"船王"富豪严宝龙开车回家途中,反抗歹徒绑架不幸身亡。

很多人不能理解那些企业家的压力,中国人常说"好死不如赖活"。有了几亿、几十亿资产干吗自杀呢?有了那么多的钱为什么不能保护好自己呢?有名有钱为什么不能活得轻松潇洒呢?

那些看起来表面风光的企业家、创业者们的现实生活状况如何呢?

2005年在中国企业家协会的一次工作会议上,中国企业家联合会、中国企业家协会会长陈锦华谈道:中国企业联合会对全国300多位企业家调查显示,有92.3%的企业家存在不同程度的健康问题,身体普遍早衰。

国务院发展研究中心也有过一个调查,在全国3539个接受调查的企业家中,90%的企业家表示工作压力大,76%的企业家认为工作状态紧张;平均每4个企业家就有一位患有与工作紧张相关的疾病;许多企业家觉得内心孤独,甚至产生厌世心理。

从以上数据和现实反映可以看到,企业家并不总是被鲜花和荣誉所环绕。我本人做过六年的职业经理人,最近三年多又常常在各地作演讲与管理咨询,与不少企业家朋友有比较深的交流。我的一位好朋友——北大纵横管理咨询集团总裁王璞就跟我说过,他每周都工作 100 个小时以上;我们公司的总经理被称为"9·11 分子",即一周六天,每天早上九点开始工作,晚上十一点回家。在企业家中还流行着一句顺口溜:吃得好,营养少;喝酒多,吃饭少;赔笑多,欢乐少;住店多,回家少。看似调侃的描述,却真实反映了中国企业家的生存状况。

时间刚刚进入 2007 年春天,网络上就出现了两则备受关注的消息。

一则是著名演员陈晓旭出家的消息,顿时引起了网民们的强烈关注。1987 年陈晓旭出演电视连续剧《红楼梦》中的林黛玉,一举成名。1991 年进入商界。1996 年创办自己的广告公司,累积了亿万资财。但谁也不曾料到,这样一位成功女性居然走上了远离红尘的人生道路。就在人们众说纷纭之际,又有消息传来,刚刚出家两个来月的陈晓旭,因为乳腺癌不治去世。一代红颜,香消玉殒。

而另一则是关于"黑龙江民企老总弃数亿资产神秘退隐"的消息。黑龙江省海外集团总裁李宝宇在人生打拼的巅峰之际,在事业发展的辉煌时期,悄然离开了自己一手创办、10 年艰苦打拼的海外集团,没有带走账面的一分钱。关于他的隐退,在当地引起纷纷议论。事过 20 天,李宝宇给海外集团员工发了一份传真信件,信件中称:"我因为多年的商海打拼,实在是感觉太累了,也不想再承受来自方方面面的压力,我才不得不决定放弃一切和家人过正常人的生活。我觉得 20 多年来,我本分做人、认真做事,为社会、为员工、为大家该做的都做了。人过五十也该为我的妻子、女儿和自己想一想……你们看到我每天都以一个总裁的形象,在你们面前展现神采奕奕、充满阳光的一面,可你们想象得到我曾几次自己开车到江北大坝荒天野地抱头痛哭

的情景吗？你们看到我在公共场合风度翩翩的一面，可你们知道我在那些官不大权不小的人物面前为了企业发展低三下四磕头作揖的样子吗……"原来李宝宇是觉得自己压力大，身心疲惫，想过平淡的生活才抛弃数亿资产隐退的。

可见企业家们所承受的各种压力是一般人所看不到、体会不到的。

中国的改革开放已进行了29年，人的能力、智力、胆略都是有一定差距的，那些凭着官商勾结致富的毕竟是少数，大部分创业者都是凭着自己的辛劳、汗水和努力工作而致富的。我们社会应给创业者们更多的尊重，以更宽容的心态来对待他们。著名管理专家王育琨先生在他的一篇文章中说得很精辟："一个开杂货铺的小老板，能够解决两个人的就业问题，能够给邻里的生活带来便利，就功德无量。一个创建了商业帝国的人，他解决了几万人的就业并为民众创造福利，对他们苛求太甚，很欠妥当。"

有一次，我去新华联集团讲"精细化管理"的课程，傅军董事长就说："如果只是为了积累个人财富，我早就不干了。"我想：他之所以每天辛辛苦苦工作十几个小时，这后边支撑他的是一种事业心和一份社会责任感。

傅军的话代表了很多企业家的心声。在中央电视台2007年1月20日晚"2006年CCTV中国年度经济人物"颁奖典礼上，我听到提得最多的一个词就是"责任"。当我们在强调企业家应尽更多的社会责任时，我们的社会也应更加关心他们，以更宽容的心态对待他们。

这里我提出几点建议。

第一，各级政府部门为企业提供更为宽松的环境。

政府部门作为社会管理者有责任和能力为企业提供更为细致的服务，并把具体措施落实到位。政府部门为鼓励民营经济发展、鼓励下岗职工创业、鼓励大学生自行创业解决就业问题，出台了一系列政策，花了很大心血，但是是否落实到位了呢？

2005年2月25日，国务院正式颁布了《国务院关于鼓励支持和引导个体私营等非公有制经济发展的若干意见》（俗称《非公36条》），这个文件是新中国成立五十多年来第一个系统支持各级私营企业的一个文件，令创业者们备感鼓舞。

以下值得各级管理部门关注。

《非公36条》公布一年以后，全国工商联做了一次调查，调查显示：民企对中国非公经济发展前景信心指数较2005年下降了3.6%，"非常有信心"的比重降低了近35%。

为什么会出现这种情况呢？《非公36条》本应是为民营企业创造平等的市场准入条件和更自由的商业环境，但是有多少落实到位了呢？又有多少条制定出了相关的实施细则呢？

在与民营企业的接触中，发现民营企业发展有大量困惑的问题，但是他们谈得最多的两点是：税务负担过重；过多的政府管制。

北大光华管理学院的张维迎教授（是我非常敬重的一位经济学家，因为他敢讲真话。我在外面讲课时，也总是申明自己的一个观点"宁讲错话，不讲假话"）2006年的两篇文章很值得一读，一篇是《理性思考中国改革》，另一篇是《让商业活动更自由》，这里引用他的一段话："如果我们的政策法规能给商业活动更多的自由，哪怕是达到中等偏上的水平，更多的人将会从事创业和创新活动，我们的经济增长将更具可持续性，更多的人将找到工作机会和收入来源，我们的政府会更廉洁，我们的社会将更和谐！"

第二，媒体与企业更为良性地互动。

对中国企业而言，有"成也媒体，败也媒体"的说法。媒体从经

济角度说也是企业,为了自己的收视率、发行量、点击率,总是追求"语不惊人死不休"也是可以理解的,毕竟狗咬人不是新闻,就不得不去写人咬狗了,但是从社会角度看,媒体应有其深层的社会责任。现代社会资讯如此发达,企业的一件事一经报道就可能会被无限放大,所以希望传媒界人士能深入一线,关心企业深层次的问题,为企业家减压,报道企业真实的问题,而不要盲目地只追踪热点问题。

第三,提倡阳光心态,培育市场良性竞争的环境,不可以让"仇富"的心理蔓延。

市场竞争要公平、合理,形成良性循环,企业才能发展壮大,经济才能不断增长。如果竞争中全是潜规则、暗操作,企业不能生存发展,经济衰退,人们的生活水平得不到提高,整个社会的发展将受到影响。特别是一些人的"仇富"心理会给企业家们带来很大的压力,如果社会中那些最有创造力、最富活力的人被压垮了,对社会、对老百姓也会是一种损失。

在建设和谐社会的道路上,我们更需要宽容的精神,这样才能让社会空气更湿润,让每个人活得更滋润。

四、落实要到位　关键看结果

我的家乡江西九江湖口县，地处鄱阳湖入长江口。那是一个只有27万人口（至2005年6月），美丽而不富裕的小县。

我在18岁以前一直是在湖口县的乡下长大的，那时候的穷苦日子可能是现在的孩子（尤其是城里长大的孩子）无法理解的。我在许多次讲座及答记者问中都说过一句话："给我多少钱我也不愿回到18岁以前生活过的农村去生活，因为那里太苦了。但是，给我多少钱我也不会换那18年乡下生活的经历，因为它让我了解农村的清苦，让我永远不会忘记自己是一个农民的孩子。"

我在18岁那年走出湖口上大学了，学的是中文，以后做了六年的教师，两年副厅级干部的秘书。29岁那年"下海"去了深圳。从公司的业务员做起，一直做到高级职业经理人。15年的职业生涯取得了一些成绩，但是我始终乐于公示自己是农民的儿子。

家乡的农民勤劳而朴实，是他们养育了我，给了我无比宝贵的精神财富。现在我的环境有了改善，同时，希望他们也能过上好日子。

改革开放二十九年来，不仅是城市，农村也发生了很大的变化，但我总认为农民的劳动与他们的所得不相符。农村环境的变化与时代的变化相比还是没有同步，尤其是我们出国考察看到了日本、德国、美国的农村后，深感震惊。我们现在的大城市从硬件上与发达国家差距已不大了，可是我们的绝大部分农村与他们比起来至少还有五十年

的差距。

中国的现代化关键在于农村的现代化,如果没有农村的现代化,中国的现代化一定是虚的。

中国是一个农业大国,农业、农村和农民问题是中国现代化建设的根本问题。以胡锦涛为总书记的党中央自十六大以来,把解决"三农"问题作为党和政府的工作重心。在2005年10月中国共产党十六届五中全会上提出了建设社会主义新农村的历史任务,是一个顺应时代的英明决策。也提出了"20字"新农村的建设要求:生产发展、生活宽裕、乡风文明、村容整洁、管理民主。

作为一位农民的孩子,我对农村一直有深厚的感情,并时刻关注着农村的发展;作为一名管理实践者和理论研究者,我更关心的是中央提出的那么多、那么好的惠民政策能否落实到位,得到结果。

2007年1月初,在北京参加一个培训研讨会,我的同事吴宏彪先生给我讲了他亲身经历的一次扶贫工作。

吴宏彪说:"1999年,我参加了贵州省机关党建扶贫工作队,去贫困的毕节地区驻乡帮村。其中有一项任务是捐助贫困党员或村民作为扶贫对象,我们每人准备捐助帮助5户,每户捐500元。当我们刚到村里时,不熟悉情况,村支书便带领我们去了解贫困户。当我们走进第一家时,看到的是这家的大瓦房,走进屋里往厨房一看,挂着几十块腊肉,这在当地是富裕的标志。我感到这并不像贫困户,后来一问,知道这家是村支书的亲戚。我找到村支书,表示这户不能捐助,并要求带我去看真正的贫困户。村支书只好带我去了村边的一户人家,我看到这一家的房子一边墙倒了,用玉米秆堵上挡风,大冬天小男孩依然穿着单衣,裸着脚,冻得直发抖,看了让人心里很难受。于是,我把500元钱交到这家女主人手里,作为一年的扶贫费用。"

听到这个真实的故事，我深刻感到中央出台了那么多好的扶贫政策的及时性和必要性。但能否落实到位，给那些真正需要扶贫的家庭，解决他们的燃眉之急，关键在于基层干部，从管理的角度来说，就是执行力不打折扣。

2007年的十届人大五次会议上，最高人民检察院检察长贾春旺的工作报告中有这样一个涉及农村建设的内容："2006年，检察机关立案侦查贪污、挪用国家支农资金、征地补偿金和扶贫、救灾、救济等款物的农村基层组织人员3873人。"一些被寄予厚望的扶贫干部，频频利用手中的权力蚕食扶贫款；有的国家级贫困县的小小乡长，配置的公车竟然是进口"皇冠"；有的人打着"扶贫"的旗号办实体、搞项目，神不知鬼不觉地将扶贫款揣进了自己的腰包。由于中央的政策在执行中出现偏差，落实不到位，基层干部和农民的矛盾也越来越多。要解决这些矛盾，就要切实地贯彻中央的新农村政策，让农民真实地感受到国家的惠民政策带来的实惠。

在2007年3月16日刚刚结束"两会"这一天，我从中央电视台看到了这样一组激动人心的数据。

3917亿元：2007年，中央财政安排"三农"资金3917亿元，比上一年增加520亿元。

2235亿元：全国财政安排农村义务教育经费2235亿元，比去年增加395亿元。

3200万人：加快农村安全饮水设施建设，今年再解决3200万人的安全饮水问题。

1.5亿名：农村义务教育阶段学杂费今年全免，农村1.5亿名中小学生家庭普遍减负。

144亿元：2007年，中央财政将安排扶贫支出144亿元，比上年增

加7亿元。

30亿元：中央财政安排农村最低生活保障补助支出30亿元，在全国范围建立健全农村最低生活保障制度。

80%：新型农村合作医疗试点将扩大到全国80%以上县（市、区），中央财政安排补助资金101亿元，比去年增加58亿元。

这么大的财政投入，这么多的惠民政策，我想最主要的是让这些钱花到最需要的农民身上。干部要深入实际、了解民意、知晓民情。这就需要健全民主决策工作机制、削减村干部的权力、建立有效的监察制度、确保党的各项惠民政策在基层不变味。最实质的还是那句话：落实要到位，关键看结果。

 **问答录：对话汪中求**

问题1：您觉得该如何将细节管理引入政府管理中去？

答：我给一些地方政府讲课时，我建议他们把企业管理的理念引入政府管理中去。市长是一座城市的CEO，他需要把城市的人力、财力、物力等资源优化、提升，这和企业管理有很多相通之处。我还建议政府实行报表制度，用数据来考核。公务员也要进行职业化训练。同时，政府管理要有时间成本概念，领导讲话不要讲"正确的废话和空话"，这只是在浪费政府体系的时间。

（根据《深圳晶报》采访整理）

问题2：我们国家现在经济高速发展，国际社会对此有赞誉有批评，您是怎么看的呢？

答：这事实上是个经济学的问题，或者是个政治性的问题，我一般都回避政治的问题，但是作为一个经济学的问题，我想围绕你说的问题谈几个我所知道的状况。

第一，中国现在经济高速增长，不是所有的人都欢迎的。一些国家对中国的这种高速增长抱着深刻的担忧，西方现在有一个理论，叫作黄祸，就是黄种人的灾祸。认为中国高速增长之后，一旦达到了日本那样的经济实力，中国人一定会称霸的。尤其是发达国家和快速发展的资本主义国家，对中国经济的高速增长抱着一种偏见，用我的话来讲就是妒忌。

第二，中国在高速增长的同时，带来了很大的破坏和浪费，第一个是对环境的破坏，第二个是对能源的浪费，第三个是对人性的破坏。

2006年重庆的干旱,很多科学家分析,是跟水利建设不恰当有关系。当然这个我不懂。但是我们可以隐隐约约地感觉到,自然界有些东西总是相连的,我们在高速增长、快速建设的同时,环境遭到了很大的破坏,反过来自然界也会给以无情的回击,各种自然灾害多数都是环境破坏引起的。2005年,中国消耗了全球12%的能源,却只创造了全球4.2%的GDP,说明极大浪费了能源,能源使用不平衡。中国是全球第二大石油消耗国,仅次于美国,2004年中国消耗了全球新增长的石油的1/3。现在中国一美元的产值所使用的能源是德国和法国的7.7倍,是日本的11.4倍。所以很多国家对我们经济发展带来的破坏持反对和批评态度。

这种批评不全是错的,也不全是出于政治的目的,确实有很多是全球共同的呼声。我们应该实事求是地检讨自己,虚心接受。因为地球只有一个。

我最近准备写一篇文章,就是关于到底有几个地球的问题。我相信这最终是人类一个比管理学、比政治、比国家要重要的问题。

我甚至个人大胆地预测,到了2009年之后,中国经济增长的速度,一定会下降到五个百分点左右,绝对不会保持九个点的增长。因为如果再以破坏环境、高耗能为代价来换取我们经济的快速发展,是对我们后代极不负责任的一种态度,将遭到全社会的谴责。我们知道,中国现在很多的基础能源是非常缺乏的,比如石油只占全球人均水平的1/2,淡水只占全球人均水平的1/6,煤炭占全球人均水平的1/4,中国资源的匮乏是非常明显的。所以2006年中央经济政策已经有所调整,从过去的"又快又好"到"又好又快"。相信我们不久就会走出"三高一低"的樊篱,得到国际社会的一致好评。

(根据天水兰天集团讨论会上的提问整理)

问题3：现在社会经济规则还不完善，我们如果老老实实遵守规则是不是反而会被驱逐出局？我们应该怎么做呢？

答：关于这个问题我们应该从两个层面来思考，第一，我认为国家和企业，以及企业的员工，未来必然全面走向规范化的管理。这个趋势不会变。到底多长时间能形成不好说，但是我可以这么说，绝对不会超过十年。因为现在的经济增长和社会发展速度绝对不是过去那种加法的概念，尤其是互联网的出现，新的技术的革命，带来人类思维方式的变化，经济成几何数增长，这种快速的增长只有靠规则来管理才能持续前进。所以我相信不出十年，中国绝大多数企业，一定是以遵守规则为前提条件的，只有遵守规则才能生存发展。

第二，现在对于大的环境我们没有能力去改变，但是在我们的小环境下，尽可能地按规则去做事情，这是我们能做到的。就像我们现在，酒店外面的温度我们控制不了，但是酒店里面的温度我们可以保证在22℃，或者23℃。所以我们首先应该改变自己的小环境，把内部的规则意识迅速建立起来，以适应随之而来的外部规则的变化。

（根据沈阳讲座问答整理）

问题4：我想请教一下关于怎样才能留住人才的问题，您能给点意见吗？

答：这个题目特别大，总体来讲，现在留住人才的难度比以前大了，因为社会的交换更广泛，而且社会的信息更开放，人们的心态更加浮躁。那么我们如何留住人才呢？

第一，分析员工为什么来打工。

我认为所有的打工者无非是要获得三个东西，第一要获得一部分金钱，因为他要生活；第二他要获得能力，这是他未来竞争的资本；第三，他还要获得平台，发挥自己的才能并为职业发展打好基础。比如说

我在清华同方的下属公司做营销总监,后来南下我就可以当别的公司的总经理,如果我在一个名不见经传的小公司当了一个营销总监,跑到广东去最多当一个部门经理或区域经理。

我们知道了人家为什么打工,那么当然就可以分析出你如何去满足他这三方面的需要。可以给他有足够吸引力的薪水,即保持同行业相对较高的薪资水平;如果你给不了更高的薪水,你就必须提供更多的培训,以提高他的能力;并提供一个好的平台,使他有更多的机会去施展拳脚。所以我说保持同行中相对比较高的工资水平,给他更多的培训机会,不断地创造企业新的平台,给一些有才华的人以施展的机会,这样相对来说留住人才的希望更大。

第二,公司要实行人性化的管理。

现在企业中的员工,特别是知识型的员工,越来越觉得受尊重和快乐的工作环境是决定他为企业服务的一个重要条件之一。所以要留住人才,就要给他一个宽松舒适的环境,让员工能快乐地工作。

(根据沈阳讲座问答整理)

第五章

关于细节的"细节"

没有注意到的细节,总比注意到的细节要多。有些人心里没有细节,所以根本看不到细节;有些人能够注意到细节,但不能通过细节看到事物的实质和内在联系。

一、"战略决定成败"

在有关《细节决定成败》一书的争论中，焦点之一就是细节与战略的关系问题。其实，在该书中我已经明确提出："战略，从细节中来，到细节中去。"而让有些人不能释怀的是：如果说细节决定成败，那么把战略放到什么位置？

《竞争论》的作者迈克尔·波特就明确提出，战略就是选择，而选择的难点在于放弃什么。企业战略的制订实际上就是以市场为导向，结合企业整合资源的能力，厘清自己想做什么、能做什么、该做什么的一系列判断和选择的过程。而战略的制订，无论是市场的调查、分析、研究，还是企业已有资源的分析和整合资源的能力，无一例外地都需要深入细致的功夫。资源之"己"与市场之"彼"不能透彻地了解，战略就一定是一份"糊辣汤"。

一位做企业的朋友曾对我说，他参加了惠普商学院开设的"战略规划十步法"的三天培训，原本是想通过了解和熟悉这个过程，尝试着去制订自己公司的战略规划，可是当他学完了课程以后，却发现根本没法按照这一课程的要求去做战略规划。原因很简单：自己的公司缺乏应有的管理数据。所以，制定战略规划，必须要有一定量的管理数据为基础，这样才能保证战略规划的准确。否则，就只能是"大概""差不多"式的规划，不但难以对企业经营管理起到促进作用，反而会起阻碍作用。

任何一个企业都应该有自己的战略。不过，目前我国大多数中小企业还无法按照严格的程序来制订战略，他们的战略大多还只是存在于老板的脑袋里，难以对经营起到指导并鼓舞士气的作用。造成这种情况的原因并不是他们不想制订战略，而是他们制订战略的条件还不成熟。没有战略，或者战略不成熟的结果就只能是：采取机会主义的打法。

我们这几年服务的企业中，有一家房产中介公司叫玛雅房屋。它的战略就很清晰，并且很细化。作为业内毫无品牌的台资企业，进入大陆，他们首先选择在西部登陆，西部又首选了兰州。大陆的房产中介大多只收一个点的中介费，强势一点的也只能上下游合收两个点，而玛雅收到三个点，因为他们对自己的服务能力有足够的信心。经过四年的努力，玛雅不仅完全控制了兰州（市场份额超过60%），而且在西北、西南已经处于强势。2007年他们再指向东北和华北，不仅顺理成章，而且经营手段、运作模式、服务标准、干部储备都有底了，故而几乎每城必得。当然，玛雅并没有只停留在高谈战略上，而是认认真真做细节，仅各连锁店的手册就有31种，且操作性很强。这样的大气且务实的企业，没有不成功的道理。

我国企业因战略而失败的实在太多了，但这么多的战略失败又大多表现为现金流断链，深究下去则大多数是因为战略规划不合本企业的实际。我说"死掉的企业往往是钱多烧死的"，看到形势很好，就不知道天高地厚，盲目扩张、盲目做大，甚至盲目到自己不熟悉的区域和行业，凭过去的所谓"成功经验"和一时的冲动掩杀过去，最终成骑虎之势，而此时稍有闪失就全线崩溃。仅就经济较为发达的广东而言，完全败阵的爱多是如此，声音渐弱的南方高科是如此，就连一度彷徨的TCL也是如此。

然而，到底该怎么去做战略，我的研究不够，也自有战略研究专家去谈。

二、"大丈夫不拘小节"

很多想要干大事，或者感觉自己能干大事的人，都用"大丈夫不拘小节"这句话来为自己树标签。其实，这是对这句话的误读。这句话是用来对别人说的，而不是拿来为自己开脱的。其本意是说，作为大丈夫要胸怀宽广、豁达大度，要看到他人的优点和长处，不要苛求其小节上的问题。因此，这句话不是用来作为自己不愿意改过或修养不够的借口。

每次回家乡时，我有三个细节从来没有忽略：一是不西装革履，二是倒茶必喝，三是上凳即坐。"不可全抛一片心"，我从来是以人对人，不以身份对人。回到家乡去，不能因为身份改变而有不同的做派。我不知道坚持这三个细节是不是很重要，但我二十多年以来一直是"拘此小节"的。

我认为，个人修养无小事。

《尚书·旅獒》中说："不矜细行，终累大德。"《易经·系辞下传》中更是洞察了人从不拘小节，以至走向大错乃至大恶、大罪的发展过程："善不积不足以成名，恶不积不足以灭身。小人以小善为无益而弗为也，以小恶为无伤而弗去也，故恶积而不可掩，罪大而不可解。"关键是你我说的"小节"到底指什么？我认为关乎团队、关乎衔接、关乎系统必需的流程和标准就没有小节。所以，小细节体现大修养，不拘"小节"难免要误"大事"。那些认为个人小过"无伤大雅"

的想法，是使自己沉沦的助推器，会一步步地把自己推向没落乃至死亡的深渊。

沈阳"慕马案"被查处后，市法院原负责人贾永祥在悔过书中写道："随着社会活动的增多，自己的思想也在悄悄发生变化。从穿戴不太讲究到羡慕并追求像私营老板那样穿戴名牌；由看不惯挥金如土到自己也想那样做并琢磨如何想办法去赚钱……"这正是"不虑于微，始成大患；不妨于小，终亏在德"，结果是积小节成大过、积小恶成大罪，直至身陷囹圄，则悔之晚矣。

正因如此，被奉为儒家经典的"四书"中的《大学》即强调"慎独"，即谨慎自己在独处时候的所思所想、所作所为。而《中庸》里更是说："君子戒慎乎其所不睹，恐惧乎其所不闻。莫现乎隐，莫显乎微，故君子慎其独也。"

在现实生活中，慎独功夫应该从两个方面着手。一方面是在自己独处时，要有敬畏之心，不能无所顾忌，不要惹是生非。《大学》里即说了这种情况："小人闲居为不善，无所不至，见君子而后厌然，掩其不善而著其善。人之视己，如见其肺肝然，则何益矣？"另一方面是要时刻观照自己的内心，保持心灵之清净。否则，心灵上任何细微的"尘埃"，都有可能使你蒙受人生之大过。

网上看到美国理工大学（NYIT）商学院副教授、终身教授刘贤方先生的文章——《见树见林 各得其所》，大学者的文章对我很有启发，但文章仍然有"你说你的，我说我的"的现象。

"听朋友说，《细节决定成败》在国内非常流行，强调细节管理，似正形成一股潮流。我得空便找来一读，深感这一讨论对企业管理太重要了，不得不多说几句。""我们很容易就能在生活中找到相反的例子。比如大家都耳熟能详的沃尔玛公司创建人山姆·沃尔顿，他却在生活小

事上不如常人，经常丢三落四，以致其秘书的一项经常性使命是为他寻找公文包，但这丝毫无损于他作为缔造了世界第一零售巨头的企业家的伟大；美国第16任总统亚伯拉罕·林肯，律师出身，却并非是细节有序，以至于常连法律文件都找不到，但这也没有妨碍他成为一个优秀的律师和保存了合众国体制的杰出总统。"

"若要谈细节管理的成功，最具代表性的例子就是日本的汽车工业。丰田、本田等公司，以一丝不苟的精神，从每一个零部件、生产环节做起，不断地提高质量和技术，从而生产出世界级的汽车。然而，日本人也以细节精神投入高清晰电视（HDTV）的研发，却完全失败了。它起初走在世界的前面，最早建立工业标准（1984），最早在市场上推出HDTV电视机（1990），最早提供HDTV节目（1991）。但它的HDTV尚未普及，技术就已过时，以至于销售量只达到一万多台，而原来的市场预测是130万台。这一失败从开始时就已注定了，因为他们选择了模拟信号，而世界却进入了数码时代。"

针对这篇文章，网友评论说："《细节决定成败》我从来就没有误解为全部仅仅注重细节即可成功。你想得太多余，人家作者还没有糊涂到那种程度。人家是就事论事啊。"

还有一位自称为"您（指刘贤方先生）的学生"的网友评论说："刘老师，您对《细节决定成败》的评价无关乎对错，正如汪老师对细节的重视无关乎决然，大家都是有假设、有前提的。汪从正面呼吁国人重视细节、远离浮躁，您从侧面求证汪观点的完善。汪老师在每次培训课上都讲到一个观点，是关于高层管理者的修炼的：高管多做选择题，少做问答题，不做论述题。还有，他反复强调的是规则的系统化和细化，管理的细节和生活上的小节不能等同。您说'在我看来，作者只是说明了企业要成功必须注重细节，却并没有证明，只要注重细节就能成功',其实,这是一个简单的充分、必要条件的逻辑问题。如果汪老师把书名改为《在战略方向正确、现金充裕、领导者身体健康的前提下——细节决定成败》,我想恐怕批评的声音会少了,这书也没人去买了。累不累啊!"

有个熟语叫"鹤长鸡短"。仙鹤的腿很长,显得飘逸高雅;家鸡的腿很短,是为了稳定方便。如家鸡腿长一寸则显过长,仙鹤腿短一寸则显过短。将某一细节置于不同系统中,思考的结果自然不同。

我的工作中有很多小节是"拘"的。

某日,我出差,秘书急忙从办公楼追出来,给我送来充电器,我真诚地向她道谢。但下车时结伴同行的另一家公司老总见我并没有把充电器放进行李箱,很奇怪地看着我。我于是解释说:"我已经带一个旅行充电器了,但秘书以为我忘了,匆忙追上来特意为我送充电器,这是工作用心的表现,应该肯定她。所以不必直说这个充电器不用。"这是个"小节",但值得注意,因为,我需要保护秘书的这种服务热情和工作主动的态度。

另外有件事。前些年,我新任广东一家制造公司的总经理。第一次去财务部,看到财务部长的办公桌一片混乱,觉得可能一时忙乱,只当"小节",并不在意;第二次去又是满桌子的凭证、账本,就觉得不对劲;第三次去见此部长,仍然是一片混乱的办公桌。我故意安排她找某份凭证,在她身边等了七分钟,她就是找不到。于是,我再也不能以"不拘小节"原谅她,我固执地认定她不具备财务人员严谨、细致的素质,恐怕日后会出大问题。果不其然,深入调查后方知这位财务部长,接任19个月以来,连出份正式上报董事会的资产负债表、损益表都是"丢三落四",至于现金流量表,以前的总经理就从来没有见过,应收、应付款与合作方对不清楚是家常便饭。当然出现这些情

况有很多理由,诸如产品复杂、软件落后、技术与生产口径不一致、手下业务不熟等。可就连内部员工的工资"想哪天发就哪天发","个人牛脾气犯了,说撂摊子就撂摊子"。这样的人能用吗?更不用说是财务部长。长此以往,企业可能会出现重大财务危机,免职的决定就在情理之中了。

天行健,君子以自强不息;地势坤,君子以厚德载物。

——《易经·大象传》

三、"事无巨细,事必躬亲"

前面已经说过,我们倡导重视细节,是强调一种科学的精神和认真的态度,而不是要管理者"事无巨细,事必躬亲"。"事必躬亲"的领导者会因职责不清晰而导致管理错位。

不少企业老总总感叹:太忙!总是难以集中时间和精力来思考和处理计划中的事务。常常是本打算到办公室办某件事,结果半路上就被人截住谈另一件事;好不容易来到办公室,等在那里的人一大帮;这里还没谈完,那边电话不断;手上待批文件一大堆,外边还有来客要接待。日复一日,总是忙于临时事务,计划中想做的事就是无法及时做。就老总所承担的职责来讲应该是忙一些的,但不少老总的确整天忙得不可开交,有的甚至以忙乱为荣,那就有问题了。我认为,关键问题是职责错位,以及不懂得授权造成的。

职责错位,导致不知道自己该做什么,或不该做什么,说到底,就是对岗位职责的细分没有到位。企业老总的职责在于明确企业及其下属的任务和目标,至于如何去实现,则是要求下属充分发挥其主观能动性。这就必然要求职、权、责到位,而非职、权、责错位,有职无权或无责。许多老总往往大权独揽,小权不放,动辄"一竿子到底",结果只能被动应付,捉襟见肘,事事没有起色。相反,一些善于授权的老总,由于"分身"有术,常常超脱得很,并不见"吃饭有人找,睡觉有人喊,走路有人拦",事业却一片红火。

授权,是指企业管理者根据工作的需要,将自己所拥有的一部分工作、权力和责任委任给下属去行使,使下属在一定制约机制下放手工作的一种领导方法和艺术。我在许多场合都讲:"什么是老总的权力?分配权力的权力,监督权力的权力。"作为企业的老总应该懂得,适当地授权对于减轻自己的工作负担、从具体琐碎的事务中解脱出来、集中精力想大事干大事、增强组织的凝聚力和战斗力、发挥下属的专长、建立团队精神等都具有十分重要的意义。

在实际工作中,一些老总不懂、不肯、不会授权的原因无非是以下几种。

① 过分相信自己的能力、水平和经验,总认为只有自己才能把事情办好。

② 少数老总畏惧下属的潜力,担心一旦授权后下属借机得到充分发挥,会给自己树立一个竞争对手。

③ 极少数老总有强烈的权力欲望,认为只有事必躬亲才能显示自己是有权力的人,不要说授权,就是下属职责范围内的事也要插手。

④ 也有的虽然知道要授权,却不懂得如何授权,以及授权的同时如何监督。

作为企业的老总,应掌握好授权的艺术。下面介绍几种授权的方法。

1. 选准对象,视能授权

孔明伐北,街亭失守,过不在马谡,而在于孔明弃魏延而用马谡为先锋,是授权者选择对象不当所致。所以,在选择授权对象时一定要坚持德才兼备的原则,既要考察授权对象的政治与道德素质,又要考察授权对象的实际才能。有德无才难担重任,有才无德贻误事业,两者不可偏废。选定授权对象后，应注意根据其能力大小和个性特征适当授权。对于能力相对较强的人，宜多授一些权力，这样既可将事办好，又能培养锻炼人；对于能力相对较弱的人，不宜一下子授予重权，以免出现大的失误；对于性格明显外向的人，宜授权解决人际关系及部门之间沟通协调的事情；对于性格明显内向的人，宜授权分析和研究某些具体问题；对于"黏液质"和"抑郁质"的人，宜授权处理带有持久性、细致性、严谨性的工作。

2. 授以全权，权责一体

古人云：将在外，君命有所不受。这是因为只有亲临一线的人才能通晓掌握当时当地的具体情况，才能根据具体情况灵活地做出相应的决策。所以，授权必须授以全权，必须保证被授权者的权力与责任相一致，即有多大的权力就担负多大的责任，做到权责一体。只有这样，被授权者行动起来才有准则，才能根据客观变化的条件和环境等因素及时采取应变措施。也只有这样，授权者检查、督促才有标准，才不至于左手授权，右手掣肘。

> "将在外，君命有所不受。"源自《孙子兵法·九变篇》。"凡用兵之法，将受命于君，合军聚众……涂有所不由，军有所不击，城有所不攻，地有所不争，君命有所不受。"

3. 授之以权，监督并行

刘备临终授给了李严主管军事的权力，但孔明对李严总是怀疑，担心让一个降将率大军在重镇会出变故，于是"事必躬亲"，非但李严的才智未能得到发挥，两人的关系也由此产生了裂痕。怀疑总是容易让被怀疑者的自尊心受到伤害，历史上原本忠心耿耿的人因被怀疑而起谋反

之心的大有人在。在我们今天的日常工作中，一个人原本干劲十足，因为被怀疑而一下子就泄了气，导致工作受挫、事业受损的教训也是屡见不鲜的。因此，对被授权者要靠事前确定的、公开的、一视同仁的制度去监督。

4. 授之有据，一授到底

一般来说，老总应以手谕、备忘录、授权书、委托书等书面形式授权。这样做的好处是：既可有效地限制被授权者做超越权限的事，又可避免被授权者将其处理范围内的事上交，凡事以请示为由，推卸责任；既可借此为证，以免出现其他部门和个人"不买账"的现象，又可防止授权者将已授之权置于脑后，仍然放不开手。所以说，授权要一授到底，不要稍有偏差就将权力收回。否则，一是容易使被授权者产生授权者不放心的感觉，觉得自己并不受信任，反而影响正常的工作情绪；二是这样做的结果客观上等于授权者向其他人宣布了自己在授权上有严重失误，或者是立场不坚定；三是一旦收回权力后自己负责处理此事的效果也许更差，产生的副作用也会更大。

合理运用授权艺术，还要谨防步入误区。其一，要谨防"弃权"，授权绝非"弃权"，不能为图轻松、图享乐而放弃重大决策权、检查监督权、协调奖惩权。其二，要谨防"越权"，要防止某些被授权者超越所授权限先斩后奏或斩而不奏，甚至设好圈子迫使授权者就范。其三，要谨防"授权回流"，不要在授权给部下后，又不自觉地揽回部下职权内的事务，反让部下牵着鼻子走。

注重细节不是把所有鸡毛蒜皮的小事都抓在自己的手里，细节就像一个"颗粒"，对于不同行业、不同专业、不同岗位的人，"颗粒"大小的标准是不一样的，更不是无限制地细下去。

四、细节与效率

注重细节会影响工作效率？这也是对细节的"误读"。

首先，细节存在于系统之中。成功取决于系统，表现为细节。细节做得好，是整个系统运行的自然结果，而不是要在系统之外专门花时间去做什么"细节"。

其次，细节是相对的。细节做得好坏，需要有标准去确定。细节在企业资源和能力范围内做得越好，产品和服务质量的标准相对越高，因而表现为更加精细化、更具差异化、更显人性化。做细的标准是与客户的需求及自身的能力相匹配的，是一个动态平衡的过程。一个企业难以提供超出自己技术标准和组织能力的产品和服务，这是一个随着思想和科技的改进而不断提升的过程。同时，在某种市场层面上，你只能就你现有的技术水平和能力为客户提供产品和服务，而没有力量（也不可能）满足客户所提出的一切要求。在我的营销书中曾鲜明地提出，要尽可能满足市场需求，但无须满足个别客户的个别要求。在一个企业或其他单位的管理上，细节最终是要通过标准落实到管理规则上的。

再次，前面也曾提到，做好细节的一个具体表现就是数据化。按照管理发展的程度，我们可以把细节管理的过程分为三个阶段：明确、准确和精确。一个单位首先要把规则建立起来，即明确；然后，通过实践矫正那些已经明确但不一定正确的规则，同时使之具有操作性，并通过不断地实践和研究，使规则更加准确；最后，把规则逐渐细化，做到精

确。这是一个从无到有、从有到对、从对到好的规则整理、整合过程。

管理规则越往精确的阶段发展，工作效率就会越高。有了准确以至精确的规则，大家便能更容易、更快速地把事情做对做好，从而大大提高一次做对的概率，即所谓的一次成功率，最终提高企业运营的整体效率。规则不细化，看起来快了，但容易造成执行的模糊和操作的混乱，往往出现失误，要返工，就会欲速则不达了。并且，只有制定细化和精准的管理规则，企业才可以借助培训进行管理复制、持续执行。

所以，注重细节不是"吹毛求疵"，两者有着本质区别。强调细节，非但不会影响效率，反而会提高效率。

将良品率预定为85%，那么便表示容许15%的错误存在。

——质量管理大师　菲利普·克劳斯

五、细节与创新

有人说:"拘于细节势必妨碍创新。"这就要求我们对创新有正确的认识。我们都知道一个哲学原理,即量变引起质变。很多创新都是从不起眼的细节开始的,人类的多数创新其实原本是对一些细节的改进、修订或提升,细节具有创新功能。创新很少是开天辟地、凤凰涅槃,而往往有一个渐进的、逐步完善的过程。

"创新",在当今确实是一个非常时髦的字眼。技术要创新,营销要创新,服务要创新,医疗要创新,教育要创新,连寺庙也在创新。确实,在一个激烈竞争的市场经济条件下,创新越来越成为组织生存的至关重要的因素。一个没有创新的组织是没有竞争力的,迟早会被市场和社会淘汰。但在一些人的观念里,创新是一件始于宏伟目标、终于备受瞩目的大事。而我要告诉大家的是,细节是创新之源,要想进行创新,就必须要明白细节的重要性,明白持续改善的道理。

许多企业的领导在寻求创新时,不管在技术还是在管理层面,总习惯于贪大求全,很少有"于细微处见精神"的细心和耐心。海尔集团总裁张瑞敏在谈到创新时说:"创新不等于高新,创新存在于企业的每一个细节之中。"海尔集团在细节上创新的案例可谓数不胜数,公司内以员工名字命名的小发明和小创造每年就有几十项之多,如"云燕镜子""晓玲扳手""启明焊枪""秀凤冲头"等。并且这些创新已在企业的生产、技术等领域发挥出越来越明显的推动作用。

第五章 关于细节的「细节」

　　日本丰田公司的经验也证明，通过细节的创新可以达到对整个企业的持续改善，从而获得巨大的成效。虽然每一个细节看上去都很小，但是这儿一个小变化，那儿一个小改进，则可以创造出完全不同的更好的产品或服务。从某种意义上来说，整个日本企业最大的发明和创造并不突出，突出的是在别人的基础上一点一滴的改造、改善、改良的能力。如果说创新是一种"质变"，那么这种"质变"就必然要经过"量变"的积累过程，才自然会达成大的变革。而这种量变的积累过程，就是一种在平凡的细节中创造不平凡的自然而然的过程。

　　细节对于个人的创新来说，更是如此。

　　我们都知道，人们可能每天都在重复地做着相同的工作，重复单调地过着相同的日子，但人的生活必然是原创，因为今日之我，已非昨日之我。有了一维性的时间的作用，使我们无法像科学实验那样重复地进行我们的体验。比如，我们现在可做儿时的游戏，但无论如何也体验不出儿时那种快乐的感觉了。这就是说，无论你是单调、无聊地过着重复的日子，还是充满激情地过着创新的日子，时间都会在你的人生轨道上留下痕迹，只不过其结果不同罢了。我们都在创造自己的生活，那种以创新的精神进行生活的人，就有可能创造出令自己或令世人为之骄傲的成就；而那种一味单调重复地过日子的人，可能是在累积自己日后才能感觉到的遗憾和悔恨。

　　中国是一个儒家文化占主流的社会，儒家思想中那种积极进取的精神是值得我们记取的。"苟日新，日日新，又日新。"如果有了这样的一种境界和人生态度，我们就会在人生的单调与重复中，在人生的每一个细节和每一件小事中进行创新。

"苟日新，日日新，又日新。"见《礼记·大学》。大意是：如果能每天除旧更新，就要天天除旧更新，不间断地更新又更新。据说这是商朝的建立者汤刻在浴具上的铭文，旨在激励自己不断创新，每天都有所作为。

172

有这样一个故事。

一位母亲教女儿如何烧羊腿。她向女儿讲明了要用哪些调料，诸如大蒜、欧芹和其他香料，然后她拿出烤盘把羊腿放在台端开始切。可是要切开，并不容易。

女儿问："妈妈，为什么你要把羊腿切开？"

母亲停了下来，看看羊腿，然后看着女儿的眼睛说："说实话，我也不知道。你外婆就是这样教我的。"

女儿说："我们给外婆打个电话。"

很快，外婆的电话接通了。

女儿说："外婆，妈妈正在教我怎样烧羊腿，而我有个问题，为什么要将羊腿切开？"

外婆大笑道："喔，因为我们原来用的烤盘不够大！"

在母亲的意识中，一直认为羊腿非切开烤不可。

从这个小故事中，我们也看出了固定的思维模式，或者说思维习惯，是会严重影响我们进行创新的。

创新必然是创造或增加价值，提高效率。不知道国家设立的发明奖是否有创造或增加价值、提高效率的指向性要求，我想应该是有的。作为把创新当作生存条件的理性组织来讲，任何一个组织都有自己的目标，这个目标最少要高于现状。只有个体在更高目标的吸引下持续不断地努力，才可以保证我们不断地在每一个细节上进行创新，从而不断地保持组织的生命力。

管理大师彼得·德鲁克曾说："行之有效的创新在一开始可能并不起眼。"一个不起眼的细节，往往会造就创新的灵感，从而能让一件简单的事物产生一次超常规的突破。德鲁克认为，创新不是那种浮夸的东西，它要做的只是某件具体的事。企业要想真正达到革故鼎新的目的，就

必须做好"成也细节,败也细节"的思想准备。如果没有细节上的功夫,没有系统上的支持,所谓的创新只能是一句空话。创新不一定是"以大为美",但绝不能忽略企业活动中既不相同又相互关联的每一个细节。细节作为一种创造,存在于企业发展的各个方面和层面。企业所要做的是尽快建立一种支持创新的机制,使创新能够作为一种结果,通过系统源源不断地输出。

完美不是一个小细节;但注重细节可以成就完美。

——雕塑家、画家 米开朗琪罗

问答录：对话汪中求

问题1：细节决定成败，那什么决定细节呢？

答：这个问题我曾经同畅销书《水煮三国》的作者成君忆先生谈过，成先生问："既然细节决定成败，那么什么决定细节？"我回答说："态度决定细节，就是你首先有没有细节意识。"成先生进一步问："那什么决定态度？"我说："训练决定态度，就是拿出一些规范，让员工反复训练，就会改变他的态度。态度调整了，认识清楚了，细节就容易做到位，这是一个互相关联的过程。"

通过训练，改变员工的思维模式和工作态度，最终达到改善细节的目的。因为我们要改变一个人的思维是很困难的，但是我们管理者有足够的能力和义务来改变一个人的行为，通过长期行为的改变，就可以达到改变思维的目的。所以，我们必须通过强化职业化训练，来解决管理的问题，包括解决细节意识和细节态度的问题。

（根据珠海公开课的现场问答整理）

问题2：在您的书中，您已经把"完善细节"作为增强民族素质、提高国家竞争力的有力武器，您认为方法论应该是什么？或者说，该从何处下手？

答：我大致从以下几个方面来谈一下这个问题。

第一，培养全民的规则意识。我曾说，中国人虽然在很多方面有优势，但在管理的角度上不具备优势。就规则意识讲，我们如果有德国人一半那么"笨"，不折不扣地执行规则，我们会走得更好。

第二，力避精明。精明就是急于表现聪明，而人是应该需要高明一些的。高明即善于掩饰聪明。我强烈主张要严厉打击"精明行为"。比如华为高层在收到一位研究生员工关于华为战略而提出的一万多字的"高明"建议的文章后，立即要求人力资源部把这位"精明"的员工辞退，这即是一种"打击精明"。

第三，从规则入手。正如呼和浩特的《北方新报》实行的"三毫米规则"（就是每份报纸的两篇文章之间，必须保证有三毫米的距离），看似简单，由此及彼，却可以培养大家做事认真、规范、遵守规则的态度，由此养成良好的工作习惯。

第四，程序训练。我认为企业管理统称为规则，规则里又分为两部分，一部分是程序，另一部分是制度。程序是要求应该怎么做才对，制度则是应对不对该怎么办。如果用大量的文件对员工解释不对该怎么办，不如用更详尽的文字告诉员工该如何正确地做才对。现在许多企业在管理中有大量的制度汇编，这是一个误区。我们要把重心放在程序上，并对员工进行程序训练。因为简单不等于容易，再简单的事也要训练。而制度是不需要学习的，因为制度只是边界，如果严格按程序执行就不会犯规、不会出界，即便出界了也不是你的问题，是程序的错误。

第五，调控心态。现在有人认为，整个社会大背景都是重大轻小、重整体而不重细节，你一个人把握细节，力求完美有什么用呢？"一屋不扫，何以扫天下？"用老话说就是从我做起，能做到什么程度暂且不论，每个人先注重自己身边的细节，那整个社会的风气就会改变。不求一切尽如人意，但求无愧我心。

第六，细节源于态度。细节的不到位，源于态度的不到位。我们很多细节做不到位，不是做不了，而是没有去做。如礼貌问题，其实就是个态度问题。毛病是表现，态度才是根本，因此，细节源于态度。

第七，细节体现素质。对细节的认识也与专业素质有关。一次，有位卖羊绒衫的，他领我去市场转了一圈，说我们这里两件衣服挂很久了，始终卖不出去。事实上，质量很好，也很好看。一件是大红的，穿在身上一定很亮丽，特别是中年女性穿应该是非常好的，很有朝气；另外一件是绿的，比较深的绿，年轻女孩穿也应该是非常漂亮的。但是衣服挂在那里总是不怎么协调，红色的因为在前面，在强光照射下看起来很扎眼，红得就像鲜血一样，看上去感觉到一种压力；而那件绿色的放在后面，给人的感觉有点黑墨色似的，怎么看怎么不舒服。于是，我就对他说把两件衣服换个位置看看。结果就不一样了。绿色的在前面，在强光下没有问题；红色的在后面，稍微暗一点，反而显得更好看。过了一个礼拜，这个老板给我打电话，他说："很怪啊，两件羊绒衫换了一下挂放顺序，人们觉得这两件都很好看，都卖出去了。"

（根据《人民网》的访谈整理）

问题3：您谈到了复制的问题，您说企业的复制要在成型且稳定发展的条件下才能有效复制。那么对现在市场上的好几个城市，如广州、上海等，一夜之间出现了很多家"武大郎烧饼店"。您对此有何看法呢？

答：目前还不了解你说的"武大郎烧饼店"，但企业的复制要遵从以下四点。

第一，只有善于经营的企业，才善于复制。

第二，复制时，必须要有标准。

第三，企业发展的速度与管理的能力要成正比。

第四，必须要有一支相对专业的干部队伍。

（根据《扬子晚报》的采访整理）

问题4：您把眼光盯在细节上，"苛刻"地对待他人，对自己是不是也一样"苛刻"，甚至"吹毛求疵"？我们很想知道生活、工作中的汪中求是否是"细节完人"？对照您的书来看，汪中求是否言行一致？

答：我自认为自己是"中智之人"，智商平平，但我的意志力和自控力却有过人的一面。生活中我"睡得比狗晚，起得比鸡早，吃得比猫少，干得比牛多"。

"才人因傲而败，常人因惰而庸"。作为常人，时常要"戒惰"，时常要自律。没有自律，我到不了今天。说件事情给大家听，我曾担任一家公司的CEO，当时公司很困难，公司董事会问我有什么管理高招，我一句话都没说。不到一年时间，该公司的年销售额上升了23%，公司兴旺发达。人们又问我有什么管理高招，我还是一句话也没有说。我不是故意玩深沉，而是确实找不到一个让他们满意的"高招"，因为我抓的都只是迟到、抽烟、开会关手机之类的"鸡毛蒜皮"的事。

（根据《中外管理》的采访整理）

问题5：细节问题从小处看是一个技术问题，是一种做人做事的习惯，但从大处看则是一种文化，一种处事做人的方式。中国文化的传统重整体而不重细节，重模糊管理而轻系统管理。您作为细节管理的极力倡导者，从小处看是帮人们建立精细的思维方式，培养人们做好小事做好细节的习惯；但从宏观上看，从某种意义上说则是要与我们传统文化抗衡，你有让细节理念改造国人和企业习惯的充分信心吗？

答：我认为这个问题应该从三个层面来看。

第一，我是细节的倡导者，但不是唯一的，应该说大家也是倡导者，倡导细节不是我一个人的力量所能达到的。《细节决定成败》一书的销量早已超过了百万册，这一事实也说明我不是孤立的。在全国很多地方，上至政府，下到小学，甚至监狱，都有人在读我的书。这说明，关注细节已经有了比较好的群众和社会基础。

第二，中国的历史文化对细节还是比较重视的，只是中间出现了断裂。纵观中国的历史文化，可以清晰地看到古代很多学者关于细节理论的论述。大家知道，中国的农耕文化是典型的割裂的单独作业，不需要跟人配合，所以缺乏管理和分工合作。欧美是庄园式的耕作，合作性很强。西方农用的排犁要四头牛或马才能拉动，掌握排犁就要多人合作，合作起来就需要管理，管理就产生了规则。认识了这点，对于为什么中国进入工业化的进程这么缓慢，就不难理解了。我要强调的是，中国已经进入了工业化时代，工业化管理的特点是分工越来越细。

第三，一个人对社会的推动，不在于他说了什么，而在于他做了什么。我一个人的力量是微小的，但全社会有这么多人支持我，他们的力量肯定会推动社会进步。因此，我很有信心。

（根据《中华工商时报》的采访整理）

任何一种管理理论都难以使中国企业有全面的实质性的提高，系统的组合式的理论转化为可操作的、可复制的管理模式，才是中国企业梦寐以求的。

——汪中求

附 录

小细节体现大修养,注意细节,积累优点,才能成就完美。

一、给秘书的 20 条提示

我当过六年总经理（现在不当老大很多年了），用过四个秘书。第一个是湖南小女孩，董事长配给我的；第二个是湖北人，挺能干，去别人的公司高就了。我很高兴，祝贺她；第三个是一个男孩，不卑不亢，用得挺顺手，被一个当董事长的好朋友看上，送去给他当部长了。能往高处走，支持；第四个是四川人，读书少一些，进修去了。更赞成，不知现在出息了吗！

秘书很重要，秘书又很难当。

我当过两年秘书，我的上司是副厅级单位的正职，于是我也"鸡犬升天"了，从一个中学老师一下子就成了级别不高（副科）权力不小的角色啦。文字的工作倒是没有多大问题，写的稿子、起草的文件、做的纪要，经常是不用领导多改的，但我的秘书当得并不成功，对复杂的社会的适应速度太慢，犯了很多"错误"。于是做了两年，我就下海了，给香港的一家公司打工，心甘情愿地"受资本家剥削"去了。

在企业，对秘书的要求有所不同，我要的秘书必须是勤奋、得体、有序、精细、高效的。当然，想做点事需要一些牺牲精神，尤其不可能完全按时上下班。

在此，作为曾经的老男秘和后来用过多位秘书的"过来人"，给正在或准备当秘书的同仁 20 条提示。

1. 必须有更多付出，不能太计较时间和报酬。
2. 不会摆弄文件夹，不宜当秘书。
3. 常用电话号码、重要客户和合作者的联系方式尽可能熟记。
4. 学会记录，只要在场能记录的尽可能别落下，说不定什么时候有用。
5. 领导开会少发言，记住自己只是列席。
6. 有调查研究和了解情况的权力，但绝对没有指令权。
7. 为了写东西，多准备标准文本。
8. 对其他同事不可有骄奢之气。
9. 无论对上、对下，多用"请"和"谢谢"准没错。
10. 不要上网做与工作无关的事，也许别的同事可以。
11. 手机永远是振动，网上QQ也不要有"唧唧"的叫声。
12. 要细心，学会在小事情上为上司补缺。
13. 常规性的琐碎事务，不要让人有半点不放心。
14. 对上司要适时地提示，温和地提醒。
15. 不是上司问及，不议论同事的不好。
16. 如果一周以上都觉得没什么事情做，该考虑换岗或辞职。
17. 少喝酒，不能醉，如果上司老让你喝酒甚至不在意你醉酒，就已经不是真正的秘书了。
18. 穿衣服有工装最好，不要为了取悦自己或别人穿太性感的衣服。
19. 异性秘书，对上司的生活部分不宜太关心，对上司的家人彬彬有礼就够。
20. 切不可产生办公室恋情，如有萌芽立即走人。

注：秘书的类别很多，地位高低和权力大小有很大的不同，此

文提及的 20 条更多是指中小型企业的总经理秘书,自然不可一概而论。

(转自我的新浪网博客 2007 年 1 月 27 日之博文——再论秘书的难当,参见 www.xywzq.com)

夫祸患常积于忽微,而智勇多困于所溺。

——欧阳修《伶官传序》

二、给女儿待人接物的36条建议

女儿：

  此次你随我拜访了很多前辈、学者，很高兴你有了很大的进步，毕竟是大三的学生了，但还是有很多细节做得不到位，老爸给你一些建议，希望在待人接物方面你能做得更好。因为，在他人不了解你的学识之前，只能评价你的修养，而修养常常表现在细节上。虽说今日已是个个性时代，人各有其风格，淑女未必再是褒义，但举止得体、温良恭谦、文质彬彬，总会给人以好感，并能避免犯错、犯傻。今日的学校教育已很少涉及此类内容，故在博客上刊发，以对你的同辈有所启发。

  1. 遇上父亲的同事或朋友不知如何称呼时，以"叔叔""伯伯""老师"称之。

  2. 遇长辈、师友，按照礼仪习惯是由长者先伸出手，如果是异性，你也可以大大方方先伸出手来。

  3. 进电梯，如果没有电梯司机，一般是下属或晚辈先进电梯，为他人控制梯门的开合。出电梯，要按住开梯按钮让他人先出。但如因人多而你在门边，也可以先出。

  4. 与师长同车，通常让师长坐在司机身后的右侧座位。与师长关系特别亲密的人开车时则一般可以理解为副驾驶位为尊，也有些地方以司机右后位为尊。一般你应该最后上车帮师长关好车门，然后坐车内空余的座位。

5. 与师长同行，可让师长走前面，自己侧后随之。

6. 在马路上与师长同行，则可把较安全的一侧留给对方。

7. 上楼梯、台阶，在湿滑处、易碰头处，均应及时给师长提示。

8. 与师长同行尽可能为他提行李。如果师长要帮助你提行李，可以成全其绅士风度，但不宜让自己两手空空。

9. 上妆迎客是对他人的尊重，但知识女性不宜化浓妆，也不要当他人的面补妆。

10. 赴宴不要过早上席位，跟随上席先坐末座，当然也不必过于拘泥，最终客随主便就是。

11. 在不用分座次的情形下，最好不要坐在光线过强的地方。

12. 会客不要穿崭新的衣服，最好也不是刚做的发型。但衣服缺纽扣或袜子有孔洞也很不好，万一有此情形，应在对方注意到时微笑道歉，无须一直遮掩。

13. 作为晚辈，刚走上社会，倒茶、斟酒之类，多做无碍。

14. 在正式会客或交流中（包括宴席上，尤其会议桌上），不要玩手机（包括发短信）。不得已要用手机，也应离席并向主持人或身边人示意致歉。

15. 咳嗽、打喷嚏、擦口鼻、掸衣上脏物之类，尽可能背身过去处理。假如觉得动作很大并时间来得及，可离席处理，之后向主持人或身边人轻声致歉或以微笑示意。

16. 师长抽烟，不要表现出不悦，但可以健康理由建议少抽。如果在禁止吸烟的场合，则礼貌地提示其换至吸烟室。

17. 与师长交谈，说话语速适中，不宜过快。

18. 与人交谈，少用或尽量不用"然后""再就是""知道吗""呗"等属于学生化的口语，应在走出大学校门前通过训练调整过来。

19. 说话时可以手势助之，但频率不宜过高，且幅度不宜过大。比如挥手不过头，横摆不过肩。

20. 对于某一领域不了解是正常的，学习的一个目的就是发现并弥补自己的空白领域。因此对话或陪客时，因专业不对口或知识结构不具备，可以少说话，但不可表现出漠视，要配以会意地点头和微笑。

21. 在一般的交流中（有英文环境或与外籍人士交往除外），最好不要插入英文单词，实在要用也当随之译出中文。

22. 师长交代事项，最好即时以纸笔记下。

23. 接待你的地方如接待条件不好，倒的茶水也一定要喝，可以不喝完。

24. 任何情况，酒都可以不喝，可用替代品，且应征得或说服主陪同意。

25. 如有跳舞场合，要大方出场，但要适可而止，切忌卖弄或垄断现场。

26. 因受到师长的接待，离开后应于下飞机或下火车时向其报平安。

27. 对师长的劝诫、建议或批评，事中表示接受，事后如可能应以电话、短信或电子邮件方式向其表示感谢或言明自己的进一步理解。

28. 师长来短信应回复，哪怕"知道了""好的""明白""OK"也行。

29. 给人去短信，应留下自己的姓名。如对方连你的姓名也可能记不住则应留单位或相识之场合（确认非常熟悉并一定存有你的号码者除外）。

30. 给人回信或去电子邮件，最好每次都在最后一页的左下方留下自己的联系方式（非闺密一般不留住宅电话）。

31. 收到师长转交或邮寄来的礼物，应及时告知收到，并真诚地表示喜欢或言明对此礼物的理解。

32. 离席时，应将座椅推入桌下放好。

33. 出门时，应轻放回弹之门。

34. 关车门，最好一次关牢。但不宜产生重重之声响，切忌使人误以为你扫兴而去。

35. 分别时，有人送你，应放下车窗玻璃告别，挥手示意。

36. 客人离去，应送至楼下或电梯口。如送到车旁，应待车开动后目送客人离开可视范围再返回。

父亲

2007 年 2 月 15 日

三、危机公关的 7 个关键细节

人的一生很难万事如意，企业也是如此。留心的人会发现，当初写进《基业长青》中有的企业已经垮了，所以企业都是会死的，只是谁先死谁后死的问题。"危机公关的 7 个关键细节"讲的是怎么面对我们所面临的意外打击。

2006 年的危机公关事件现在还没有定论，因此我不便多说。《经理人》杂志 2006 年第 12 期评出了"2006 年度表现最差的 10 位企业家"，说明他们在遇到危机时没有处理好。但是 2005 年早就已经成定论了，其中有四个大的事件发生在广东，一个是创维，一个是高露洁，一个是广本，还有一个是顾雏军。有的处理得好，有的处理得不好；有的老板还在经营自己的企业，有的却被抓进牢房了；有的企业经过这个事情出了风头，有的受了打击很难再站起来。

对于危机公关，我只讲 7 个关键点。

第一，生于忧患

生于忧患意思就是我们应该有一种危机意识，随时要想到自己可能有灾难。人当然都不喜欢灾难，避祸是我们的基本思想，但事实上灾难是不可避免的，一生中不碰到灾难可能是极为罕见的事情。所以我们首先应该在安定的时候有一个忧患意识，就是当危机事件来了我们怎么办的应对措施。

企业在经营当中危险的因素太多了,内部有产品的缺陷、员工素质问题、管理的不完满、法制观念淡薄等;外部因素更多,竞争对手的不公平竞争、社会舆论的压力等这些因素都有可能导致企业面临很大的灾难。

2003年,我在广东一家企业当总经理。当SARS来了之后,中国绝大多数企业都束手无策。我记得广东人都是买醋回去熏,道听途说而已。而北京惠普公司就非常及时地采取了一系列应急措施,那就是他们几年前制定的一个应急处理方案,叫"公司业务意外应急计划"的备份方案,在正常情况下作为备份,在一些紧急突发情况下,这一计划就启动。因此公司专门成立了由高级管理层为核心的危机管理团队,于是一道道措施很快就出台了:第一,给员工发口罩;第二,让员工打车;第三,准备一栋新的大楼叫"B办公室";第四,员工尽可能在家里用网络上班,如果没有网络公司给你建,没有电脑公司给你买……

今天我说的是危机来临了怎么办。

首先我们看创维的情况,他们的危机处理方法是非常成功的。2004年11月底,在代号"虎山行"的行动中,创维数码主席黄宏生被抓起来了,但是创维的管理团队处变不惊,危机处理非常成熟。事件之后不仅企业实现了销售的增长,并且促使企业由家族制转到了现代企业治理结构,黄宏生打破了中国企业"树倒猢狲散"的宿命。当然,这与很多因素有关。比如危机出现后,创维在张学斌的带领下迅速召开紧急会议,制订应急方案。用百万港元保释黄宏生,然后开新闻通报会,强调他们会积极配合调查,并表示企业一切运转正常。接着,创维派高层管理人员在北京促销,表示企业经营状况良好。再后来,向政府申请的一些项目也非常成功,说明他们得到了政府的信任。

到2005年3月,黄宏生案复审,因为他是政协委员,全国政协要开会,所以他要求参加完政协会议之后再复审,得到了同意,并及时向社会公布这件事情。这样一来,创维得到了公众的信任,到2005年8月创维基本上渡过了难关,形势开始好转。

广东的另一家企业——金正遇到危机却倒闭了。2004年7月金正集团董事长万平被抓,公司由于失去核心领导,显得束手无策,不仅没有进行危机公关的紧急处理,反而产生了股东之间的内战。显然金正的企业文化存在问题,危机处理手段也比较差。于是企业被恐怖笼罩,步步朝着坏的方向发展,金正高层纷纷出走,经销商倒戈相向,银行查封企业资产,致使企业迅速倒闭。

同样是广东的企业,同样在业内都是知名品牌,老板同样被抓,但是由于处理得不一样,结果就完全不一样。由此看出两家企业领导班子的危机意识是不一样的,也就是领导的基本素质是有差异的。

第二,凡事趁早

雷厉风行本身就是积极的信号,等到危机事件出现以后,不要拖,不要满不在乎,应该积极响应,这是非常重要的。

中美史克在2000年因为PPA事件,受到的冲击非常大,之前它在国内感冒药市场上有将近六亿元的销售额,占了市场份额80%以上。在感冒药不允许有PPA的情况下这家企业很可能面临灭顶之灾,但是这家企业处理得非常成功。

他们处理事件的速度特别快,2000年11月16公司接到天津卫生局传真,要求立即停止销售含有PPA成分的药物。16日上午,中美史克立即成立了危机管理小组,制订应对危机的立场基调;沟通小组,负责信息发布和内外部的信息沟通;市场小组,负责加快新产品开发;生产小组,负责组织调整生产并处理正在生产线上的中间产品。

16日上午，他们的危机管理小组发布了危机纲领——执行政府暂停令。不管对还是不对，不管有理还是没理，首先表现了对政府、对社会、对客户的利益的尊重和负责。事发后他们通知经销商立即停止销售，停止广告宣传和市场推广活动。大家都知道，停止销售每天都有巨大的经济损失，高达几百万元。但是在这种危机面前，企业必须承担损失，而不能拿企业的利益跟政府、媒体、公众进行对抗，争取在最短的时间内重塑或挽回原有的形象。

中美史克危机处理的经验告诉我们，他们处理危机和突发事件的速度非常快，并且非常细化，这一点是中国的很多企业做不到的。

第三，控制情绪

也就是说遇到危机要表现出积极的态度，不要发牢骚、不要辱骂、不要辩解。有时候外来的舆论压力未必是对的，或者是道听途说、捕风捉影，遇到这种情况我们有口难辩，因为公众不清楚情况，如果这时不控制情绪的话，影响会非常大。事实上很多老板在这个问题上做得不好。

2001年9月3日，中央电视台的《新闻30分》报道了南京冠生园月饼陈馅翻炒后再制成食品出售一事。9月5日报纸上登载后，南京冠生园回应说，月饼回收利用是普遍现象。这种做法非常不聪明！9月7日报纸披露说他们的月饼添加剂竟然过期四年，9月17日《长春日报》登载：千万元订单成为废纸，大量"冠生园"月饼被退货。信誉的缺失使多年来一直以月饼为主要产品的南京冠生园在短时间内迅速被逐出了月饼市场。

据9月20日广东的新闻媒体报道，南京冠生园重新上柜，却无人问津。虽然冠生园有做错的地方，但不是全部不对。他们错在回应媒体的第一句话，说"这是普遍现象"。明知陈馅制作月饼是不符合食品卫生标准的事，冠生园却利用消费者长期以来对自己的信任而为之，在失去了消费者的同时也失去了发展的机会。把自己推到了公众和媒体的对立面，媒体在这个时候站在道德的立场就疯狂攻击报道。所以企业遇到危机时应该检点自己的言行，控制自己的情绪。

第四，统一口径

遇到危机时统一口径非常重要，以免节外生枝。企业领导对外要说一样的话，做不到就让一个人说。那别人问怎么办？可以选择不说话或说无可奉告！

我再举中美史克的案例。在事件发生之后，他们提出统一口径，任何人的回答都应该是"不知道"，由一个发言人来说，从头到尾一个人说话。中美史克出了事情之后，他们马上发出《给医院的信》《给客户的信》。经过培训的专职接线员负责接听客户、消费者的询问电话，做出准确专业的回答以打消疑虑。召开新闻媒介恳谈会，表示此事不影响在华投资的决心。杨伟强记不清楚接受了多少媒体的采访，常常为了方便媒体采访从天津赶到北京，当天又匆匆赶回去。当记者问他是不是很辛苦，他苦笑道："企业遇到了这种事情，我别无选择。"因此，企业在面对危机的时候，统一口径是非常重要的。

第五，勇于承担

大众的情绪一般是同情弱者。由于企业是挣了老百姓的钱，因此，企业出了问题就应该勇于承担。

1999年6月初，比利时发生了可口可乐中毒事件。一周后，比利时政府颁布禁令，禁止本国销售可口可乐公司生产的各种品牌的饮料，

已经拥有113年历史的可口可乐公司遭受历史上鲜见的重大危机。可口可乐首席执行官依维斯特马上赶到比利时,第二天比利时各家报纸就出现了由他签名的致消费者的公开信。同时可口可乐宣布,将比利时的可口可乐全部收回,并向消费者退赔。虽然喝可口可乐中毒的可能性非常小,但是可口可乐公司进行积极主动地道歉,不推脱责任,不进行辩解,体现了企业勇于承担、对消费者负责的企业精神,获得了消费者的同情。可口可乐的形象也开始逐步恢复。

第六,权威出马

权威出马可以获取公众的信任,来自权威的信息容易说服公众,不要用企业单方面的信息去说服公众。

举一个杜邦特富龙的事件。2004年7月9日,美国环保署宣称,杜邦公司的不粘锅因涂上了一层名叫特富龙的涂料,可能会致癌或者影响生育功能。这个影响很大,大家都很紧张。那么杜邦怎么做呢?7月15日,杜邦中国集团公司常务副总经理任亚芬和杜邦公司的技术经理王文莉接受新浪采访时认为,媒体在误导消费者。此时全国不粘锅市场已经一片混乱。7月20日,杜邦中国公司在北京召开新闻发布会,总裁查布朗跟中国记者见面。他表示"特富龙"不粘锅并不含致癌物,并出示了一份卫计委实施的标准,还让技术专家把整捆的技术资料拿到中国,回答中国媒体的问题。他们不讲故事,只是拿表格,拿一份份的技术文件让你拍照,用科学家的证明来说话。这样一来,尽管我们对这些数据完全不懂,但是看着一大堆的数据就相信他们的数据是对的,企业就很容易渡过难关。接着,美国杜邦总裁贺利接受《人民日报》的采访,对外界宣称:"我们可以拿整个杜邦公司的名誉作担保,杜邦不粘锅绝对安全。"真正的自信才敢一搏,把宝押上去。2004年10月13

日，国家市场监督管理总局在对特富龙检测之后向大家公证，特富龙不粘锅没有副作用。

杜邦公司为表示权威，甚至不惜从美国总部请来专家与中国记者见面，化解了此次危机。

第七，上下贯通

企业遇到危机要把企业内部和外部的资源连成片。怎么做呢？再讲创维的例子。

2004年12月2日，国美、苏宁、永乐、大中四家家电连锁巨头纷纷发表声明，力挺创维，表示愿意销它的货。12月2日，国内八大彩管企业发表声明，表示将优先保证创维的原材料供应。12月3日，深圳七家银行分行行长表示鼎力支持创维。12月中旬，深圳市副市长到创维表态：创维本部发展非常稳定，市政府全力支持。到这个时候，创维就基本上没有很大的风险了。在这样的情况下，从销售、供应、银行、政府四方面表态，则预告创维已经冲过了险滩。

最后，我想送大家两句话。

一句是，日本的普查发现40岁以上的人没有一个人体内没有癌细胞，区别在于是否分裂、转移、扩散。没有分裂、转移、扩散，那就不叫癌症患者，而癌细胞分裂、转移、扩散的机会很多，所以每个人都有得癌症的可能。但是如何保证癌细胞不分裂、转移、扩散呢？就需要采取扼制癌细胞的方法，比如坚持锻炼、保持好的生活习惯、定期体检等。企业也有癌细胞，那是什么呢？就是可能存在的危机。如何渡过危机扼制癌细胞？就要懂得危机公关的方法和措施。

第二句是简单与复杂总是相伴而行，每当你把公关看得很简单时，面临的危机总会特别复杂。所以对待危机,一定要采取积极有效的方法。

(此文根据2006年12月17日由《南方都市报》和《新京报》于广州凤凰城举行的"2006年度中国十大营销事件·人物盛典"大会上的演讲实录整理)

同声相应,同气相求;水流湿,火就燥。

——《周易·文言传》

后记

POSTSCRIPT

按照上本书中所提出的"精细化管理时代——细节决定成败"的理念，我为推进中国的精细化管理事业，实实在在地做了自己微薄的努力。

一方面，组织了一支由刘兴旺、吴宏彪、林惠春、温德诚、徐伟、孟宪华、杜志刚、陶永进、刘锋、江珊、汪文瑶等成员组成的培训和咨询团队，进行精细化管理的培训和咨询实践。2004年以来，我们这支团队先后为中国葛洲坝集团、中国储备粮总公司、太钢集团、西南铝业、大红鹰集团、玛雅房屋、黄岛发电厂、中国工商银行、华泰证券、北京海关、北京铁路局、武汉机场、国务院机关事务管理局、沈阳市政府、大众日报、清华大学、北京大学、国防大学等600多家知名企业、政府机关、大学等提供过培训和咨询服务，积累了丰富的精细化管理的培训和咨询经验。我个人于2004年获得"中国十大优秀管理培训师"称号，2005年被中国管理科学学会评为"杰出管理专家"，2006年取得国际行业培训师协会授予的"亚洲十大培训师"。

应当说明的是，除了上述所列的成员外，我们的团队还包括成君忆、卢瑞华、胡宇辰、孙虹钢、李宏飞、张智慧、朱新跃、张明帅等专家、学者以及企业管理者，他们对我们的精细化管理培训、咨询和图书出版，提供了宝贵的意见和建议，更有众多的人在为我们做一些默默无闻的铺垫和服务性工作。在这里，我要向他们表达崇高的敬意和衷心的感谢。同时，也希望有更多的志士参与进来，共同推进中国的精细化管理事业。

另一方面，领军推出《精细化管理》系列图书，把我们对精细化管理的培训、咨询和实践经验及研究成果总结出来，从2005年6月以来，先后出版了《精细化管理》《精细化管理Ⅱ——执行力升级计划》《精细化管理Ⅲ——操作方法与策略》《精细化管理Ⅳ——把小公司做强》《精细化管理Ⅴ——赢在品牌》《政府精细化管理》等书，这些著作反映了我们阶段性的研究成果，也在相当程度上反映了当下中国在精细化管理方面的研究水平。看了这些书的读者会发现，与我国企业的发展需求相比，我们的精细化管理研究水平还有待于进一步提高。

展现在读者面前的这本《细节决定成败Ⅱ》，试图对细节问题做更深入的探讨，从而为精细化管理的实践提供坚实的理论基础。应当说，这本著作还不是很成熟，尤其是操作部分，所以在"如何做好细节"这一部分，我没有按照细节理论要求的系统来展开论述。但管理是一个过程，是一个"以持续求精进"的过程，没有最好，只有更好。而且就目前中国企业的管理水平看来，要一下子做好细节也是不现实的，这需要一个过程。所以，我愿意把这种阶段性的研究成果当作铺路石，呈现给大家，使大家能借以前进，并把大家对管理的期望带向远方。

2007年4月28日于广东梅县